MÉMOIRES

DE LA

SOCIÉTÉ DES SCIENCES,

DE L'AGRICULTURE ET DES ARTS

DE LILLE

CINQUIÈME SÉRIE

FASCICULE II

UNE ÉMEUTE A AVESNES EN 1413

Par Jules Finot.

UNE

ÉMEUTE A AVESNES

EN 1413

PAR

Jules FINOT,

ARCHIVISTE DU DÉPARTEMENT DU NORD.

LILLE,

IMPRIMERIE L. DANEL.

1895.

UNE EMEUTE A AVESNES

EN 1413.

La terre d'Avesnes qui formait une des pairies du Comté de Hainaut, après avoir appartenu à des seigneurs de ce nom dont le blason, bandé d'or et de gueules de six pièces, brilla d'un vif éclat sur les champs de bataille de la Palestine, passa, par suite d'alliance, dans la famille de Châtillon, dite aussi de Blois et de Bretagne-Penthièvre. Elle était possédée en 1412, par Olivier de Châtillon, désigné généralement par les documents contemporains sous le titre de comte de Penthièvre. C'était le fils de cet infortuné Jean III de Châtillon qui resta plus de 36 ans prisonnier en Angleterre. Par sa mère, Marguerite de Clisson, il était le petit-fils du célèbre connétable. Né vers 1388, il n'avait que seize ans lorsqu'il succéda à son père, mort en 1404. Aussi fut-il, ainsi que ses frères et sœurs, placé sous la tutelle de sa mère qui, au nom de ses enfants, prit possession du comté de Penthièvre, de la vicomté de Limoges, des terres d'Avesnes et de Landrecies.

Les historiens s'accordent pour représenter cette princesse comme une femme ambitieuse et vindicative qu'animait une haine tantôt sourde, tantôt manifeste, mais toujours violente, contre la famille ducale de Bretagne à qui elle ne pardonnait pas d'avoir définitivement triomphé. Elle avait fait le malheur de son mari et allait exercer une funeste influence sur l'esprit de ses enfants. Olivier tint d'elle son esprit agité, son goût pour les complots et les machinations ténébreuses, son manque de scrupule sur le choix des moyens à employer pour réussir, ce qui lui valut plus tard d'être condamné par les États de Bretagne comme chevalier félon. Gendre du duc de Bourgogne Jean-Sans-Peur, dont il avait épousé la quatrième fille Isabelle, il saisit avidement le prétexte d'une mésintelligence entre le Dauphin et le duc de Bretagne Jean V, pour s'insinuer dans l'esprit de ce dernier à qui jusqu'alors il avait inspiré une secrète méfiance. Admis à sa cour et dans sa familiarité, il feignit, à l'instigation de Marguerite de Clisson qui avait ourdi le complot, de vouloir lui donner une fête et l'attira ainsi au château de Loroux où il s'empara de sa personne. Mais tandis qu'il traînait de forteresse en forteresse son suzerain, toute la noblesse bretonne, indignée d'une telle perfidie, prit les armes, investit et ruina ses châteaux, saccagea ses villes, dévasta ses terres et le contraignit à la fin à mettre son prisonnier en liberté. L'arrêt solennel qui le frappa d'infamie, ordonna la confiscation de tous ses biens sis en Bretagne (18 septembre 1420). « Alors, dit Monstrelet, Olivier ne sçavoit bonnement où estre asseur de sa personne, car peu trouvoit qui le vouloist soubstenir ; pour lesquels inconvéniens eslongner, se retrahit en la viconté de Lymoges, et après aulcunes conclusions prinses avec ses frères, il se partit de là et par le pays d'Auvergne, s'en alla à Lyon sur le Rosne, et puis à Genève et à Balle pour venir à sa terre d'Avesnes au païs de Hainault ; mais ainsi qu'il faisoit son chemin sur la rivière du Rhin, il fut prins du marquis de Bade pour mercq (gage de marchandises), pour tant que icelluy marquis avoit autreffois eu de ses gens destroussez audit pays du Hainault. Sy fut grand espasse prisonnier et enfin luy cousta bien trente mille escus d'or sa rançon » (1).

---

(1) Monstrelet. Tome I. Chap. II. Voir aussi Lebeau, *Précis de l'Histoire d'Avesnes*, p. 87 et 88.

Les émissaires du duc de Bretagne essayèrent encore vainement de se saisir du comte Olivier pendant qu'il traversait les provinces rhénanes et le Luxembourg pour se réfugier à Avesnes où il arriva dans le courant de l'année 1422. Plus tard encore de nouvelles tentatives furent faites pour s'emparer de sa personne ou le faire périr en l'envoûtant avec un collier d'or enchanté. Mais il sut les déjouer, et pour plus de sûreté, il s'attacha à mettre la ville et le château d'Avesnes en bon état de défense. Pour cela il avait sollicité et obtenu de Jacqueline de Bavière, comtesse de Hainaut, des lettres d'octroi l'autorisant à faire lever dans toute l'étendue de sa terre d'Avesnes, pendant six ans à partir du jour de la Purification 1423, 6 deniers par lot de vin ou de bière, avec affectation du produit de cette taxe aux réparations des fortifications de la ville et du château. Grâce à cette mesure, au bout de quelques années elles furent en état de défier toute surprise (1).

Le comte Olivier de Penthièvre ne pouvant rentrer en Bretagne, et, d'un autre côté, se trouvant en sûreté à Avesnes, y fit sa résidence habituelle jusqu'à sa mort survenue le 8 ou le 22 septembre 1433. Veuf d'Isabelle de Bourgogne, il s'était remarié en 1428, avec Jeanne de Lalaing, fille aînée de Simon VI, baron de Quiévrain, seigneur d'Escaussines, et de Jeanne de Barbançon. Il n'avait pas eu d'enfants de son premier mariage, et ceux que lui donna Jeanne de Lalaing moururent en bas-âge, le précédant ou le suivant de très près dans la tombe. Ce fut son frère puîné Jean VI de Châtillon, dit aussi Jean II de Blois ou de Bretagne, qui lui succéda comme vicomte de Limoges et seigneur d'Avesnes, Landrecies et du Nouvion. Il fut enterré dans l'église paroissiale d'Avesnes « dessous une arcueille (arceau) à jour », pratiquée dans l'épaisseur du mur séparant le chœur

(1) Michaux aîné. *Chronologie historique des seigneurs de la terre et pairie d'Avesnes*, p. 291. Nous avons emprunté à cette ouvrage ainsi qu'au *Précis de l'Histoire d'Avesnes* de J. Lebeau, la plupart des renseignements que nous venons de donner sur Olivier de Bretagne.

et la chapelle de la Vierge où son tombeau et son épitaphe ainsi que celle de sa seconde femme, morte seulement en 1465, subsistèrent jusqu'à la Révolution (1).

Si comme comte de Penthièvre, Olivier de Bretagne fait, en somme, assez triste figure dans l'histoire, il semble, au contraire, s'être montré un seigneur d'Avesnes assez sage et assez habile pour surmonter les graves difficultés qu'il rencontra dans le gouvernement de cette terre et que nous aurons à exposer plus loin. Il faut peut-être attribuer l'esprit de modération dont il fit preuve dans ces circonstances à l'éloignement de sa mère Marguerite de Clisson qui ne paraît pas être jamais venue à Avesnes et dont il n'eut pas à subir là, comme en Bretagne, la dangereuse influence.

II.

Le père d'Olivier de Bretagne, le comte de Blois Jean III, laissa en mourant, en 1404, une succession fort obérée par les dettes que la forte rançon payée par lui au roi d'Angleterre, l'avait obligé de contracter. Il se trouvait devoir ainsi 25.000 fr. aux exécuteurs testamentaires de son cousin Guy de Châtillon, mort en 1397. Pour sûreté de leur créance, ces exécuteurs qui étaient le sire de Havrech, Jean, bâtard de Blois et Sohier de Marck, avaient obtenu que la terre d'Avesnes fût remise entre les mains, d'abord du comte de Hainaut Albert de Bavière, puis de son fils et successeur Guillaume IV. Ceux-ci la détinrent ainsi à titre de dépositaires pendant de longues années. Guillaume IV se trouvait être aussi le gendre du duc Jean-Sans-Peur dont il avait épousé la fille Marguerite, et par conséquent le beau-frère du jeune comte Olivier de Penthièvre. Ce ne fut que vers

(1) Voir *Chronologie hist. des seigneurs d'Avesnes*, p. 300 et 301 pour la description de ce tombeau et des épitaphes qui y étaient inscrites.

1411, que le duc de Bourgogne, comprenant, sans doute, le danger politique qu'il y avait à laisser plus longtemps la terre d'Avesnes sous l'administration directe des comtes de Hainaut, princes de race et d'aspiration germaniques, résolut de la dégager des mains de Guillaume IV. La puissance dont il jouissait alors, devait lui permettre d'imposer facilement son autorité à ses deux gendres. Il était d'ailleurs le curateur d'Olivier de Penthièvre, ce qui lui fournit une occasion toute naturelle d'intervenir entre eux.

Un des conseillers de Jean-Sans-Peur, Eulard des Aubeaux, se joignit donc au conseiller et secrétaire de Marguerite de Clisson et de son fils, pour procéder à une enquête sur l'administration de la terre d'Avesnes et pour aviser aux moyens de faire rentrer le jeune Comte en possession de celle-ci. Ces commissaires enquêteurs commencèrent par constater que depuis treize à quatorze ans, c'est-à-dire depuis la mort du comte Guy de Blois à qui son cousin Jean de Châtillon l'avait cédée en gage, « elle avoit esté et estoit encore en la main de Monseigneur de Hainaut, à la requeste et traité des exécuteurs du testament d'icelui monseigneur de Blois, pour la somme de XXV^{M} francs ». Puis ils trouvèrent « tel gouvernement en ladite terre, que ycelle estoit chargiée de charges ordinaires, sans qu'elle se fust en riens acquitée vers lesdits exécuteurs », de la somme de 4.100 fr., échue le jour de Noël 1410 et qui aurait dû ce jour-là être payée à la veuve dudit Guy de Blois, « combien que s'il y eust un bon gouvernement, elle deust avoir acquité lesdictes charges ordinaires et trop plus grant somme, oultre que on ne paye de présent as dis exécuteurs ». Après ces constatations et après en avoir conféré en Hollande avec le comte de Hainaut qui n'osa pas s'opposer aux décisions des officiers de son puissant beau-père, leur premier soin fut de prendre une série d'engagements avec les exécuteurs testamentaires de Guy de Blois pour le payement : 1° de la somme de 4.550 florins d'or, écus à la couronne, représentant une partie de la dette du feu comte Jean III (5 mars 1411) ; 2° du reliquat de la dite dette, soit 18.175 francs, le tout en divers termes échelonnés. Robert de Glennes, chevalier, Gérard de Ville, Gérard de Hugiemont, Jean d'Avesnelles, Godefroy Clavet, Jacquemard Petit. Jean Bouchmiel, Jean Le Boutillier, Colart Colechon, Colart Goisson, Ostart Sansterre, Jean Deleval, Robert de Flavignies, Jean Morel, Colart de Flavignies, Huart de Hancourt, Jean Hulin, Jean Derilloite, Jean Godard, Colin Tassin, Jean Rifflart et Jacquemard de Bonneix, se présentèrent comme *pleiges* et cautions des obligations souscrites au nom du comte de Penthièvre, et furent agréés à ce titre par les exécuteurs testamentaires (1).

A la suite de ces conventions, les deux commissaires du duc de Bourgogne et du comte de Penthièvre obtinrent du comte de Hainaut la remise de la terre d'Avesnes entre leurs mains et s'occupèrent immédiatement d'en réorganiser l'administration. La première réforme qu'ils firent, fut la suppression de la charge de gouverneur que remplissait depuis de longues années Jacquemon de Floyon. Ce personnage, issu d'une ancienne famille du Hainaut, branche cadette de la maison de Berlaimont et tirant son nom d'un village situé à 10 kilomètres au sud d'Avesnes, possédait de nombreuses propriétés dans l'évêché de Liège. Il était donc encore plus le vassal de l'évêque de cette ville que celui du

---

(1) Archives des Basses-Pyrénées. E. 120. *Mémoire relatif à la terre d'Avesnes et copies d'obligations s'élevant à la somme de 25.000 frs., souscrites pour dégager ladite terre des mains du comte de Hainaut.* — La terre d'Avesnes passa par le mariage de la dernière héritière de la maison de Blois-Penthièvre, Françoise de Blois, dite de Bretagne, avec Alain d'Albret, aux enfants issus de cette union. C'est ce qui explique la présence parmi les titres de la maison d'Albret conservés autrefois au château de Pau et aujourd'hui aux Archives du département des Basses-Pyrénées, de documents très importants relatifs à la pairie d'Avesnes. Des copies des principaux d'entre eux ont été prises pour les Archives du Nord et sont publiées comme pièces justificatives à la suite de cette étude. Nous devons la connaissance de ces documents à M. d'Herbomez, ancien archiviste des Basses-Pyrénées.

comte de Hainaut (1) et par conséquent du comte de Penthièvre.

Cette mesure était inspirée par une sage politique, d'autant plus que, par suite de l'absence des seigneurs d'Avesnes, Jacquemon de Floyon était devenu le véritable maître de la terre et la gouvernait selon son bon plaisir. Pour ménager son amour-propre et essayer d'éviter sa rancune, les commissaires ne lui donnèrent pas de successeur, invoquant, afin de justifier leur manière d'agir, la nécessité de réaliser des économies à l'heure où ils allaient demander aux habitants de nouvelles aides pour faire face aux engagements pris avec les exécuteurs testamentaires de Guy de Blois. Ces aides étaient estimées s'élever à 2.500 écus, à répartir sur les habitants des seigneuries d'Avesnes et du Nouvion, cette dernière terre appartenant aussi au comte de Penthièvre (2).

---

(1) On trouve le sceau de Jacquemon de Floyon appendu : 1° aux lettres du 6 novembre 1391, par lesquelles Thierri de Senzeilles, chevalier, bailli du Hainaut, donne certains éclaircissements en ce qui concerne les homicides et les *fourjurés*, à la charte d'interprétation des coutumes du Hainaut, accordée par le duc Albert de Bavière (*Inventaire analytique des Archives des Etats de Hainaut*, par Léopold Devillers, tome Ier, p. 5) ; 2° à l'acte par lequel le sire d'Andregnies se déshérita en faveur de Marguerite de Bourgogne, comtesse de Hainaut, des villes et terres d'Ath, Binche, Quesnoy, Morlanwez (14 Juin 1417) (Demay. *Inventaire des Sceaux de Flandre*. N° 885). Les armes de cette famille étaient : fascée de vair et de gueules de six pièces, chaque fasce de gueules chargée de 3 coquilles d'or. Jean de Floyon, probablement fils de Jacquemon, apposa son sceau, en 1428, avec celui des autres membres de la noblesse du Hainaut, au traité de cession de cette province par Jacqueline de Bavière à Philippe le Bon. (Demay, *loc. cit.* N° 886).

(2) « Item, que lesdits commis pour deschargier ladicte terre des grans charges, frais et despens qui y estoient, ont déposé le sire de Floyon qui en estoit gouverneur, sans y remettre aucun en son lieu, pour ce qu'il n'est jà besoing, et souffist assez de avoir les offisciers ordinaires et accoustumez pour le gouvernement de ladicte terre ; esquelz offisces ils ont commis et ordené ou nom d'icellui monseigneur de Penthièvre, par l'advis du conseil de mondit seigneur de Haynau, les plus notaublez et ydoines personnez qu'il ont peu trouver et au mains (moins) de gaigez et de frait qu'il ont peu. Item, que pour aidier à suporter à mondit seigneur de Penthièvre les carges (charges) dessus dictez, pour l'acquit et descharge de sadicte terre, ycheux commis ont requis aux boines gens d'icelle terre, de luy faire aucune ayde, et tant que ycheux et cheux dou Nouvion leur ont accordé aydez qui poront monter et bien valloir II[M] V[C] escus ou environ. Item, que on trouvera bien sans aucunement cargier ledit monsei-

Ils faisaient remarquer aussi que le gouverneur percevait des gages considérables, que son administration entraînait de grands frais non justifiés, bien que cette terre n'eût pas en somme plus rapporté cette année que les précédentes (1).

Le sire de Floyon paraît, en effet, s'être contenté pendant son administration de toucher ses émoluments de gouverneur avec les revenus ordinaires de la terre d'Avesnes, sans songer à prendre les mesures nécessaires pour accroître ces derniers. Grâce à cela, il n'avait pas à molester, ni à trop pressurer les habitants, ce qui était le meilleur moyen de rendre son gouvernement populaire. Par incurie ou peut-être dans une arrière-pensée politique, il négligea de même de faire réparer le château, les fortifications de la ville et les autres bâtiments seigneuriaux qui tombaient presque en ruines. Enfin il laissa, sans doute aussi dans le même but, les habitants d'Avesnes commettre de graves empiètements sur les droits du Comte relativement à l'institution du maïeur de la ville. Cependant, il serait peut-être injuste de le rendre responsable seul de l'amoindrissement des prérogatives du Comte sur ce point. Tout permet de supposer que depuis longtemps les habitants avaient profité des troubles de la guerre de Cent-Ans qui tinrent leurs seigneurs presque toujours éloignés d'eux, pour élargir les privilèges que leur avait concédés leur charte communale primitive.

Quoi qu'il en soit, les deux commissaires crurent devoir revendiquer les droits du Comte, sans se douter qu'ils allaient

---

gneur de Painthièvre, oultre ce que dit est, parmy ladicte ayde de II^{M} V^{C} escus et la revenue dudit Nouvion pour parfurnir ladicte terre, traicter et païer lesdictes charges ordinairez et réfections d'ouvraiges nécessaires, et que, au bout du temps que le dernier payement desdits IIII^{M} escus expirera, ycellez deux terres d'Avesnes et du Nouvion seront entièrement acquitées des charges au-dessus des charges ordinaires et que encore y ara de l'argent de demourant. » (*Mémoire des deux commissaires*, etc. Archives des Basses-Pyrénées, E. 120).

(1) « Par ce que on a déposé le gouverneur qui percevoit grans gaiges, et aussi que on a escheut pluiseurs grans frais qui par ledit gouverneur et autrez se faisoient sans cause sur ladicte terre, combien que ycelle terre n'ait point plus vallu en ceste année présente que elle fist les autrez annéez précédentes. » (Idem. Ibidem).

ainsi faire éclater, sinon une révolte complète, du moins un violent mouvement populaire, préparé, d'ailleurs, par les menées de l'ex-gouverneur Jacquemon de Floyon et de son ami le sire de Morchipont, heureux de saisir l'occasion de se venger de leur destitution.

Avant de raconter les diverses péripéties de ce soulèvement dont le souvenir nous a été conservé par une curieuse enquête faite sur la conduite des coupables après leur arrestation, il est nécessaire d'exposer quelle était l'organisation municipale dont Avesnes avait été dotée par ses seigneurs plus de deux siècles auparavant.

L'original en latin de la charte communale de cette ville ne nous est pas parvenu. Nous n'en avons pas non plus de vidimus. Elle ne nous est connue que par une traduction en langue vulgaire dont le texte, sans être totalement apocryphe, paraît cependant très défectueux et suspect sur plusieurs points. Lebeau qui l'a publié parmi les notes et pièces justificatives de son *Précis de l'histoire d'Avesnes* (1), n'indique même pas d'une manière certaine la source d'où provient ce document, ni le dépôt public ou la collection particulière où il était conservé. « L'original de cette charte, dit-il, qui était en latin et en français, a disparu depuis longtemps ; mais il en a été conservé un double dans les archives de la seigneurie, avec des copies, également fidèles, quoique de différents âges, et dans un langage plus ou moins rapproché de celui de l'original. C'est d'une de ces copies qu'a été tirée celle dont la teneur suit. »

Il est inutile d'insister sur ce que ces lignes présentent de vague quant à l'authenticité, sinon du document lui-même, du moins du texte qui en est donné et qui serait daté du mois de février 1200 (1201, n. st.). Michaux aîné (2) adopte cette date ainsi que M. Wauters (3). Ce serait ainsi Gauthier, sire

---

(1) P. 78 et suiv.

(2) *Chronologie historique des seigneurs d'Avesnes, etc.*, p. 88 et 89.

(3) *Table chronologique des diplômes belges. Tome VII. Supplément définitif*, p. 1455.

d'Avesnes, qui aurait octroyé cette charte communale à ses sujets. A l'appui de cette opinion, on peut faire remarquer que plusieurs localités voisines d'Avesnes reçurent dans les dernières années du XIIe siècle ou au commencement du XIIIe, des franchises communales de la libéralité de seigneurs appartenant à l'illustre famille de ce nom. Le président Lebeau possédait, au rapport de Michaux (1), des copies qu'il qualifie, peu sévèrement d'ailleurs, d'imparfaites, des chartes communales d'Hirson, de Prisches et d'Anor, concédées aux habitants de ces villes par Nicolas d'Avesnes en 1156 et 1158. Celui-ci aurait même déjà, en 1140, accordé les mêmes privilèges aux habitants de Landrecies, privilèges augmentés et confirmés en 1191 ou en 1200 par son petit-fils Jacques d'Avesnes, du consentement d'Adeline, sa mère, et de Gauthier d'Avesnes, son frère (2).

Gauthier d'Avesnes lui-même aurait, avant d'octroyer la charte communale aux habitants d'Avesnes, concédé des franchises à ceux du Nouvion, semblables aux lois et aux coutumes de Prisches, et en stipulant qu'en cas de doute on aurait recours, pour l'interprétation, aux lois d'Avesnes. Il y a là une contradiction chronologique manifeste. Cette charte du Nouvion ne nous est connue aussi que par une

---

(1) Michaux, loc. cit. p. 39 et 47.

(2) Cette charte n'existe plus en original, mais on en a un vidimus de 1337. (Archives du Nord. B. 9) et elle se trouve transcrite dans le 2e Cartulaire de Hainaut (Archives du Nord. B. 1583, pièce 161). Elle a été publiée par M. de Reiffenberg dans les *Monuments de Hainaut* (I. 330), qui lui assigne la date de 1200. On en trouvera une analyse détaillée dans *l'Annuaire statistique du département du Nord* de Demeunynck et Devaux (p. 37 et suiv.). D'après ces derniers, c'est en 1140 que Nicolas d'Avesnes aurait accordé divers privilèges aux habitants de Landrecies, que son petit-fils Jacques, du consentement d'Adeline, sa mère, et de Gauthier d'Avesnes, son frère, aurait considérablement augmentés, en 1191 ou 1200, car le titre n'est pas daté. (In nomine sancte et individue Trinitatis. Ego Jacobus, dominus de Landrecies, filius magni Jacobi, domini de Avesnis et de Guizia, assensu et consilio Adeline, matris mee, et domini ac fratris mei Walteri de Avesnis et Nicholai de Struen et aliorum amicorum atque hominum meorum, leges et libertatem quondam a viro bone memorie Nicholao de Avesnis, avo meo, habitantibus in villa de Landrecies concessam, retractare, corrigere atque ampliare dignum duxi etc.).

ancienne traduction française publiée par Cocheris (1) et serait datée, d'après cet érudit, de l'année 1196 (2). Or la charte d'Avesnes n'ayant été concédée qu'en février 1201, on ne voit pas comment il aurait pu déjà y être référé quatre ans auparavant. C'est là une nouvelle preuve de l'incohérence qui règne dans la chronologie des traductions fantaisistes des chartes communales des différentes villes que nous venons d'énumérer. Il est permis d'en conclure que les traducteurs, dans la pensée de donner plus d'autorité à ces chartes, leur ont généralement attribué des dates beaucoup plus reculées que celles qu'elles avaient en réalité. Pour Gauthier II qui a été seigneur d'Avesnes pendant plus d'un demi-siècle, la chose était facile sans qu'il pût leur arriver de tomber dans quelques-unes de ces erreurs matérielles dénonçant au premier aspect l'antidate. D'ailleurs, comme dans le préambule de la charte d'Avesnes, Gauthier II déclare qu'il l'octroie « par l'adveu et consentement de nos mère, frères etc. », il est impossible d'en reculer la date au-delà des quinze premières années du XIIIe siècle. Il reste alors à expliquer comment le 1er mars 1248 (n. st.), Marguerite, comtesse de Flandre et de Hainaut, a pu donner aux habitants d'Avesnes le bénéfice des lois de Valenciennes, déclarant qu'ils seront libres de corps et de biens dans tous ses domaines et les autorisant à pêcher, à chasser et à prendre du bois dans la forêt de Mormal (3). Lebeau en publiant cette pièce n'indique pas, suivant en cela son habitude invétérée,

(1) *Notices et extraits relatifs à l'histoire de la Picardie.* Tome II, p. 558.

(2) « Ce fut fait l'an mil cent-quatre-vingt-sèze ».

(3) « Nos Margareta, Flandrie .et Hanonie Comitissa, notum facimus quod hominibus ville de Avesnes, legem dedimus et libertatem burgensiun de Valencena, quod erunt liberi in bonis et corpore per totam terram nostram; item, piscari hamo et reti, venari pilo, plumâ et armaturâ et fune, et habebunt lignum in Mormal ad focum et bastimentum, quia sunt domestici fideles Comitisse. Datum in Petegem, calendis Martii Anno MCCXLVII. Wauters. *Diplômes belges. Supp.* Tome VII, p. 811. Cette charte est publiée par Lelong, *Histoire ecclésiastique et civile du diocèse de Laon*, p. 612. Haguemans, *Histoire du pays de Chimay*, p. 121, et J.Lebeau, *Précis de l'Histoire d'Avesnes*, p. 83.

dans quel dépôt elle se trouve conservée. Cependant il en fait une description si détaillée qu'il est permis d'en conclure qu'il l'a vue et, par conséquent, d'en admettre l'authenticité. « Le titre de concession, dit-il, est écrit sur un parchemin d'où pendait à lacs de soie rouge un sceau en cire grise, présentant d'un côté l'effigie de Marguerite avec la légende : *Margareta, comitissa Flandrie et Hanonie* et, de l'autre, l'écu ou les armes de la princesse ...... On le conservait avec soin dans une boîte d'argent pur, en forme de faucon, et déposé aux archives de la ville ». Il ajoute que « la comtesse Marguerite donna la même année un privilège peu différent aux habitants de Chimay. Une telle faveur accordée par une princesse irritée, à deux villes du Hainaut, dans le temps même qu'elle traitait en ennemie cette province qui s'était déclarée pour les enfants de Burchard, a de quoi surprendre ; néanmoins il n'est pas impossible que Marguerite ait voulu s'attacher des sujets restés neutres en récompensant leur indifférence comme une marque de fidélité ». Puis il remarque « qu'il est peut-être plus étrange encore qu'elle ait déclaré affranchir, ainsi que d'humbles serfs de ses champs *(ville)*, des citadins libres depuis longtemps, et qu'au lieu de permettre aux habitants d'Avesnes, de même qu'à ceux de Chimay, de prendre du bois dans la Fagne, elle leur ait assigné la forêt de Mormal située si loin de leurs murs. Mais ce qui semble moins vraisemblable si c'est possible, c'est que la charte et le faucon aient échappé seuls plusieurs fois à la destruction générale de la ville et des archives. Aussi, a-t-on prétendu que cette charte n'était qu'une copie, une contrefaçon de celle que Marguerite avait octroyée, non à la ville d'Avesnes, mais à un village de ce nom dont les habitations sont aujourd'hui confondues dans celles de Marly, l'un des faubourgs de Valenciennes ».

On peut répondre à cette dernière objection que les habitants d'Avesnes ayant, en fait, conservé les droits d'usage dans la forêt de Mormal jusqu'au XVIIe siècle, la concession de la comtesse Marguerite paraît bien s'appliquer à eux. Mais il n'est pas impossible qu'ils aient eux-mêmes fabriqué ce titre afin d'appuyer ces droits d'usage. L'absence de l'original ou d'un vidimus de cette charte dans les archives de la Chambre des Comptes de Lille et de sa transcription dans les cartulaires du Hainaut, paraît permettre cette hypothèse.

S'il fallait en accepter l'authenticité, il serait nécessaire alors, soit de rejeter entièrement celle de la charte communale d'Avesnes, car la comtesse Marguerite ne pouvait guère affranchir des habitants déjà libres depuis plus de quarante ans et le faire surtout, sans mentionner et confirmer l'affranchissement antérieur, soit, tout au moins, de conclure que l'octroi de la charte communale est postérieur à mars 1248. Mais si l'on peut admettre avec Michaux (1) que Gauthier d'Avesnes ait vécu jusqu'en 1249, il est impossible qu'à cette date sa mère fût encore vivante et ait donné son consentement à la concession faite par son fils. Aussi, comme nous n'avons de ces deux titres que des copies défectueuses et erronées, nous préférons encore porter nos soupçons sur l'authenticité de la donation de la comtesse de Flandre, d'autant plus, comme nous le verrons plus loin, qu'une sentence du comte de Hainaut, rendue en 1412, atteste l'existence de la charte communale d'Avesnes, sans malheureusement en donner un vidimus ou seulement la date exacte.

Quoi qu'il en soit voici, analysées d'après le texte publié par Lebeau, les principales clauses de la charte communale accordée par Gauthier d'Avesnes à ses sujets résidant sur le territoire de cette ville dont les limites sont très exactement déterminées, moyennant le payement à lui et à ses hoirs et successeurs de la somme de 100 livres, monnaie de Valenciennes, chaque année, le jour de la Toussaint :

1° Le droit d'avoir « mayeur et jurés qui se renouvelleront d'an en an par telle condition que le seigneur d'Avesnes devra faire le mayeur par le conseil des jurez, et, si le seigneur n'estoit point au pays, le prévost de la ville, au nom

(1) Michaux, loc. cit. p. 97.

du seigneur, et par le consentement des jurés, fera le mayeur; si d'adventure, le seigneur ou le prévost pour et en son nom, estoit négligens de endedens l'octave des Pâques, eslire ledit mayeur, la puissance doit retourner aux jurés; et éliront et feront ce mayeur qui aura otelle auctorité et puissance, et durera son an, comme s'il avoit été esleu par le seigneur ou prévost, et devra ledit mayeur, incontinent l'élection de luy faitte, assurer (prêter serment) le seigneur et la ville ». (C'est sur l'interprétation de ce premier article relatif au mode d'institution du maïeur que, comme nous le verrons plus loin, s'éleva la difficulté qui amena la quasi-émeute de 1413);

2° L'assurance donnée par le seigneur d'Avesnes, pour lui et ses successeurs, qu'il ne pourra « traire aucun de la paix en cause, ni riens clamer sur eulx, s'il ne peut par le tesmoing des échevins ou jurés de cette paix, prouver ce qu'il voulait demander ou assigner; et si aucuns desdits de la paix enfreint ladite paix vers son prochain ou voisin, s'il est souffisamment prouvé, qu'il soit contraint à l'amende selon la coutume de la cour de Mons en tel cas: et si aucun des bourgeois, qui toutefois aura payé ce qu'il doit, avoit aucuns biens en la ville ou en la terre hors des termes de la paix, s'il luy plaist aller demourer hors, faire le peult licitement, et se polra chacun desdits bourgeois, marier ses enfans là où il luy plaira »;

3° Le droit de faire édicter des règlements par le prévôt et le maïeur.

(« Si le prévost requiert ce à les jurés de faire aucun amendement en la ville ou de deffendre jeu infâmes ou que on ne vende choses déraisonnables comme des quartes (1) ou

(1) La mention des cartes à jouer, si le traducteur qui a renouvelé le style du texte primitif, ne l'a pas insérée de son propre fait, tendrait à faire assigner à la charte d'Avesnes, une date postérieure à 1201. Bien qu'il soit reconnu que les cartes étaient en usage en Europe avant le règne de Charles VI pour l'amusement de qui elles auraient été inventées, suivant une opinion générale et erronée, on ne peut guère cependant faire remonter leur introduction en France par des Bohémiens avant le second quart du XIIIe siècle.

semblablement que le mayeur et les jurés en requièrent le prévost, ils devront d'ung commun accord ung ban et une amende mettre sur ce, contraindre les deffaillans souffisament convaincus à l'acomplir ») ;

4° La limitation du droit *d'ost* et de *chevauchée* dû autrefois au seigneur dans toute son intégrité. (« Au surplus le seigneur polra mener les bourgeois et habitans de la ville avec luy quant il sera requis du comte de Hainaut de faire le service qu'il doit semblablement pour deffendre son propre héritage et aussi la terre de Guise, il les polra mener avec luy en ses affaires ; il ne les peult toutesfois contraindre d'aller avec luy à joustes, ny tournoy...., et s'il advenoit qu'aucuns desdis bourgeois et habitans fussent seemons souffisaument par les jurés pour aller au service du seigneur comme dit est, et après que la semonce faitte fuissent négligent ou refusans d'obéir, il sera tenu à l'amende selon que en jugeront les échevins de la ville de Mons ») ;

5° Le droit par les prévôt, maïeur et jurés de pouvoir « retenir ceux qui leur plaira pour la tuition et deffense de la ville, par telle condition que ceux qui demouront, seront tenus de payer le taulx et somme à quoy les tauxeront les mayeur et jurés pour ayder à monter et armer ceux qui yront au service du seigneur » ;

6° L'affranchissement du droit « des mortesmains que povons avoir sur tous les bourgeois d'Avesnes ; et si aucun desdits bourgeois étoit retenu pour nos debtes ou pour notre caution, nous promettons par ces présentes de le relever de tous cousts et frais les concernans ; pareillement de tous les héritages et possession qu'ils tenoient avant la date de ceste présente paix, tenir et possesser paisiblement à tousjours, sauf le droit au seigneur et à tous ceulx qui les y ont, tellement que doresnavant en nostre dite terre hors de terme de la paix, nul d'eulx n'y polra acquérir héritage quelconque sans notre consentement, excepté que quant quelque ung d'eulx vorra vendre tous ses héritages enthièrement, l'aultre le polra enthièrement accater sans en rien mespendre ; nous leur accordons pareillement qu'ils se puissent ayder de tous les aisemens de quoy ils s'aydoient et qu'ils possédoient avant cette présente paix » ;

7° Le droit pour les bourgeois qui se sont « traits au prévôt comme à justice pour se faire payer d'aucune dette connue ou approuvée suffisamment », de s'adresser, dans le cas où ledit prévôt serait négligent de leur faire justice, par l'intermédiaire des maïeur et jurés, au seigneur, et de lui remontrer la négligence du prévôt ; si dans le délai de quinze jours, le seigneur ou le prévôt ne leur ont pas rendu justice, le maïeur et les jurés pourront contraindre le débiteur à payer ce qui est dû au réclamant ;

8° Le pouvoir donné aux maïeurs et jurés d'établir des *reuvards* pour visiter les denrées et les métiers et d'en recevoir le serment. Les habitants devront obéissance à ces *reuvards* dont les rapports feront foi pour la condamnation des délinquants selon le cas requis ; si par aventure un délinquant était récalcitrant, le maïeur et les jurés pourront saisir ses biens jusqu'à concurrence du montant de l'amende, l'appréhender au corps et le livrer au seigneur qui le retiendra prisonnier tant qu'il n'aura pas complètement payé l'amende encourue ;

9° La faculté pour les bourgeois qui, avant l'octroi de la charte d'Avesnes, demeuraient en dehors des limites fixées par celle-ci, de continuer à y résider tout en jouissant des privilèges qu'elle spécifie, à condition d'être tenus aux mêmes engagements que les autres habitants ;

10° L'obligation pour les *hoirs* du seigneur d'Avesnes « quelconque le soit », de jurer d'entretenir cette dite paix avant d'être reçu par les bourgeois comme leur seigneur ; pareillement par la femme du seigneur ou par la dame d'Avesnes « quiconque le soit » ;

11° Le droit pour les bourgeois d'avoir, s'ils le désirent, une cloche pour annoncer leurs assemblées.

Un des points les plus importants réglé par la charte, était le mode d'élection ou plutôt d'institution du maïeur. Quant aux jurés formant le corps municipal, le magistrat, comme on dira plus tard, ils paraissent avoir été désignés chaque année par une assemblée générale des habitants sur une liste où figuraient les notables de la ville qui, par suite d'une sorte de roulement, étaient tour à tour choisis comme jurés. La charte n'est pas explicite à cet égard. Mais il est probable que s'ils eussent été nommés par le seigneur ou par son prévôt, elle l'eût clairement indiqué comme elle l'a fait pour le maïeur. Celui-ci, en effet, était désigné chaque année par les jurés au choix du seigneur et ce dernier, ou s'il n'était pas dans le pays, son prévôt, l'instituait maïeur avec l'approbation des jurés. Si le seigneur, ou, à son défaut, le prévôt, négligeait de nommer le maïeur ainsi désigné avant l'octave de Pâques, les jurés avaient le droit de l'instituer eux-mêmes, et le maïeur ainsi nommé jouissait, pendant tout le cours de l'année, des mêmes prérogatives que s'il l'avait été par le seigneur ou par le prévôt.

Dans le cours du XIVe siècle, par suite de l'absence des seigneurs de la maison de Penthièvre, de la négligence des prévôts ou peut-être même de leur connivence avec les habitants, les jurés paraissent s'être affranchis de l'obligation de désigner le maïeur à la nomination seigneuriale et l'élirent eux-mêmes directement. Ce fut là un des principaux empiètements sur ses droits, que le comte Olivier de Bretagne résolut de faire cesser. Pour cela, il assigna les habitants d'Avesnes devant le bailli de Hainaut à Mons afin de faire reconnaître son droit. Ce magistrat qui était alors Pierre, dit Brongnars, sire de Haynin, rendit à la date du 29 septembre 1412, une longue sentence sur ce débat (1).

Après avoir constaté que comme « aucuns discors et contens fust meus et engenrés et grandement aparans de moulteplier » entre les gouverneur et officiers du comte de Penthièvre, seigneur d'Avesnes, d'une part, et « plusieurs des bourgois et masnyers de la dicte ville, tant maïeurs que

---

(1) Archives des Basses-Pyrénées. E. 120.

jurés comme aultres », d'autre part, « pour cause de l'élection et érection d'un maïeur qui cascun an dans wit jours après Pasques, se doit faire en celi ville, de coy fait mention *une charte jadis donnée par ung seigneur d'Avesnes à sa dicte ville* (1) », lesquels différend et désaccord pouvaient entraîner promptement « grans frais, damaiges et inconvéniens au préjudice des dictes parties et à l'amenrissement (amoindrissement) de celli ville qui est à pur et à plain au pays de Hainaut », le bailli déclara que son office lui fait un devoir de travailler à l'apaisement des débats de cette nature, en recherchant les causes qui les ont fait naître et en établissant les droits réciproques des parties. Sur l'avis donc de plusieurs conseillers du comte de Hainaut, il ordonna aux dites parties de comparaître en la ville de Mons devant lui et les autres conseillers du Comte, pour exposer leurs raisons et plaider contradictoirement leur cause. Cette comparution eut lieu au jour désigné. Les parties y produisirent une copie de la charte communale (2), et formulèrent leurs allégations. Elles s'engagèrent à observer les prescriptions de la charte, telles qu'elles seraient interprétées par le bailli, et renoncèrent aux usages contraires qui auraient pu s'introduire dans le mode de procéder à la nomination du maïeur. Le bailli et les conseillers « désirant les dictes parties apointier par voie amiauble sans rigueur et sans frais », firent faire par des « clers notaubles » tant du conseil du Comte de Hainaut comme d'autres juridictions, une traduction exacte du latin en langue vulgaire (*translater justement de latin en romanch*), de la copie de la charte communale. Puis la copie latine et la traduction française, avec les observations des parties et les avis des gens du Conseil, furent soumises, lues et exposées

(1) Il est regrettable que la charte communale n'ait pas été vidimée intégralement dans la sentence du bailli de Hainaut, car nous serions ainsi fixés sur sa date et sur plusieurs de ses clauses que la traduction défectueuse qu'on en a, rend très obscures.

(2) C'était une copie de l'original en latin comme la sentence l'indique plus loin.

au comte de Hainaut en son hôtel de Naste à Mons où il avait réuni plusieurs seigneurs de sa cour. Le Comte et ses conseillers furent unanimes à ordonner au bailli de rendre et de prononcer la sentence suivante sur le débat qui s'était élevé entre les dites parties. Cette sentence commence par déclarer qu'il devait être admis et reconnu par quiconque ayant sain entendement (1) : que dans toutes les villes fermées ou autres où la coutume veut qu'il y ait un maïeur, la création et l'institution de ce maïeur appartiennent aux seigneurs des dites villes par droit de *raison commune*, à moins que par un acte solennel il n'appert, que par suite d'un octroi des dits seigneurs ou de leurs prédécesseurs, ils aient perdu ce droit. Le droit de nomination du maïeur à Avesnes doit donc appartenir au seigneur, si la charte produite ne stipule le contraire, car les bourgeois et manants ne se réclamaient d'aucun autre titre pour justifier leurs prétentions. Or la charte déclare en termes explicites en un passage (2) que le seigneur d'Avesnes, ou son prévôt en son nom, doit nommer le maïeur (3), et en un autre passage il est spécifié que, si cette nomination n'était pas faite dans les huit jours qui suivent Pâques, les jurés de la ville pourraient procéder à ladite élection. La charte ne contient en aucun autre passage, rien de contraire à ces déclarations, concordant sur ce point avec le droit commun expliqué plus haut, en vertu duquel cette nomination appartient chaque année au seigneur d'Avesnes à l'époque indiquée.

Il est de plus déclaré dans la charte communale que le seigneur ou le prévôt, ayant choisi le maïeur annuel, doit

---

(1) « Premiers leur fut dit et remonstret que de cescun aïant raisonnable entendement en lui devoit y estre senti et congneu que à cescun seigneur de ville fremée ou d'autre où il a usage d'avoir maïeur, li créautions et estaublissemens d'icelui maïeur li apertient par droit et de raison commune, sans ce que on lui doive hoster, se par fait espécial grant et noble n'appert souffisamment que priveis et hostés en soit, de son fait ou dou fait de ses prédécesseurs ».

(2) « Par mos exprès en un lieu ».

(3) « Prendre maïeur ».

aussitôt réunir en conseil les jurés de la ville, et leur demander si le maïeur qu'il leur propose leur paraît apte à remplir ces fonctions (1). Si les jurés ne veulent ou ne peuvent articuler aucun grief ou motif d'exclusion contre le maïeur ainsi choisi, celui-ci doit être institué et prêter serment (2). Mais si le conseil des jurés, avant la prestation de serment du maïeur, arguait quelque fait grave, vrai ou suffisamment vraisemblable, contre celui-ci, capable de le faire considérer comme peu propre à remplir son office, ce qui devait être dit en manière de conseil, en secret et à part (3), le seigneur, ou son prévôt en son nom, ne pourra pas instituer cette personne comme maïeur, ni recevoir son serment en cette qualité, mais il devra en désigner une autre à son choix, ayant les qualités nécessaires pour exercer ces fonctions, et contre laquelle les jurés ne sauraient en conscience rien arguer sans parti pris de leur part (4), car le conseil des jurés n'a pas d'autre rôle à remplir dans l'institution du maïeur.

Si dans les huit jours qui suivront Pâques, le seigneur, ou son prévôt, en son nom, négligeait de présenter et de nommer le maïeur, les jurés, passé ce délai, pourront le choisir et l'instituer parmi les personnes capables et sensées, pour exercer ces fonctions pendant un an.

Comme depuis Pâques de l'année 1412 jusqu'au jour du prononcé de la dite sentence, soit pendant environ six mois, il n'y avait pas eu de maïeur régulièrement institué pour ladite année et que l'office était occupé par le maïeur nommé l'année précédente, sans que ce fait puisse porter préjudice à l'une ou à l'autre partie, il a été déclaré par la présente sentence que, pour certains motifs qui ont particulièrement touché le comte de Hainaut et son conseil, notamment parce

(1) « Ydoines pour tel offisce exercer seloncq et au regart des autres personnes de celi ville ».

(2) « Sermenté et créé oudit offisce ».

(3) « En manière de consel, en secret, à part et non mués publiquement ».

(4) « Et contre lequel les dis jurés ne seuissent pour vérité dire au contraire et tout sans maise (mauvaise) ocquison ».

que la charte communale stipule que l'institution du maïeur doit se faire dans l'octave de Pâques, celui qui en ce moment exerçait ces fonctions continuerait à les remplir jusqu'à Pâques de l'année 1413, sans que cette prolongation puisse créer un précédent à l'encontre des droits du seigneur ou de ceux de la ville. A Pâques de l'an 1413, il serait procédé à l'institution d'un nouveau maïeur en se conformant aux formalités et aux prescriptions qui viennent d'être indiquées.

Deux points principaux doivent être signalés dans cette sentence: c'est qu'en 1412, il existait une charte communale rédigée en latin et octroyée par un seigneur d'Avesnes dont le nom n'est pas donné, et, d'un autre côté, que le seigneur Olivier de Bretagne et les habitants n'étaient pas alors d'accord sur l'interprétation du passage de cette charte relatif à l'élection du maïeur. Comme nous ne possédons que la traduction en langue vulgaire de cette charte, traduction, comme nous l'avons fait remarquer, très défectueuse probablement, il est assez difficile de déterminer exactement quels étaient les motifs du désaccord. Il semble cependant résulter du rapprochement du texte de la traduction romane de la charte, publié par Lebeau, de celui de la sentence de 1412, que les habitants interprétaient le passage contesté : « le seigneur d'Avesnes devra faire le maïeur par le conseil des jurez », en ce sens que c'étaient les jurés réunis en conseil qui présentaient à la nomination du seigneur la personne qu'ils jugeaient apte à être maïeur et qui ne le devenait qu'après avoir reçu l'investiture du seigneur et lui avoir prêté serment. Dans ce cas, ce seraient les jurés qui auraient eu l'initiative du choix du maïeur. Au contraire, la sentence faisant droit à la requête du seigneur, lui attribue sans conteste cette initiative à lui ou à son prévôt, n'ayant ensuite qu'à prendre l'avis des jurés en leur présentant le futur maïeur contre lequel ceux-ci ne pouvaient formuler que des motifs d'exclusion, graves et reconnus exacts. Dans le cas où la gravité et la réalité de ces griefs étaient reconnues, le seigneur ou le prévôt était tenu de présenter aux jurés un nouveau candidat réunissant les conditions nécessaires pour être agréé par eux. Ce n'était que lorsque le seigneur ou son prévôt avait négligé de choisir un maïeur et de procéder, en la forme que nous venons de voir, à son institution dans les huit jours après Pâques, que les jurés avaient le droit de désigner eux-mêmes le maïeur et de l'instituer. Il est probable, ainsi que nous l'avons expliqué plus haut, que l'absence des seigneurs d'Avesnes, la négligence, sinon la connivence de leurs prévôts, surtout du dernier, Jacquemon de Floyon, avaient, en fait, laissé depuis longtemps les jurés, si ce n'est instituer eux-mêmes pleinement et souverainement le maïeur, du moins, grâce à une fausse interprétation de la charte, prendre l'initiative de la désignation de cet officier.

On comprend donc avec quelle émotion fut accueillie la sentence du bailli et de la cour de Hainaut dépouillant les jurés et indirectement les habitants d'Avesnes qui les nommaient, de ce qu'ils considéraient comme un droit incontestable. Mais cette émotion n'aurait probablement pas cessé de rester pacifique, si l'ancien gouverneur et prévôt d'Avesnes destitué, le sire de Floyon, le seigneur de Morchipont et les mécontents qu'ils avaient entraînés dans leur parti, n'avaient pas saisi avec empressement cette occasion de créer des embarras au jeune Comte. Ils surent habilement exciter les passions populaires, si bien qu'éclata bientôt une sorte de soulèvement des gens de la petite bourgeoisie de la ville, des artisans, surtout des tisserands et des foulons, assez nombreux alors à Avesnes, dont la draperie avait au XIVe siècle pris quelque extension.

Nous allons essayer d'exposer les principaux faits qui signalèrent cette émeute en recherchant d'abord par quels moyens les sires de Floyon et de Morchipont la provoquèrent. Le seul document qui nous renseigne à cet égard, est l'instruction criminelle dirigée plus tard contre les fauteurs et les principaux auteurs des désordres. Malheureusement le commencement du volumineux rouleau (1) renfermant

(1) Il a plus de 7 mètres de longueur sur 40 centimètres de largeur.

cette enquête nous fait défaut et les premières péripéties de l'émeute qui certainement devaient être au moins sommairement racontées dans le préambule, restent pour nous assez obscures. Ce n'est donc que par une analyse méthodique des dépositions et des chefs d'accusation que l'on peut dégager les faits principaux que nous nous efforcerons ensuite d'exposer dans leur ordre chronologique.

III.

Ainsi que le stipulait la sentence du comte de Hainaut, ce n'était qu'à Pâques de l'année 1413, que le maïeur devait être institué d'après les nouvelles formalités prescrites par cet acte. Les mécontents avaient donc plusieurs mois devant eux pour tenter de s'opposer à l'exécution de la sentence.

Parmi ceux-ci, comme bien on le pense, figurait en première ligne le sire de Floyon qualifié par l'enquête criminelle d'instigateur de toute l'affaire (1). Il agit par dépit et par rancune, ajoute-t-elle, d'avoir été destitué de ses fonctions de gouverneur de la terre d'Avesnes, « laquelle Dieu sait comment il avoit gouvernée durant les XIIII ans qu'il en a esté gouverneur ». Il avait déjà auparavant provoqué, quoique vassal *(homme)* du seigneur, un conflit entre les gens de la ville et les officiers du Comte au sujet des impositions *(maltôte)*, assistant les premiers de ses conseils et les accompagnant dans leurs démarches au Quesnoy, à Mons et ailleurs. Naturellement, il devait les soutenir encore plus énergiquement dans leur nouvelle difficulté relative au mode d'élection du maïeur. L'enquête laisse même entendre qu'il avait peut-être encore, pour agir ainsi, des mobiles plus bas que son animosité contre le Comte et ses officiers, car il aurait reçu de Jean Husson, un des mécontents, un gobelet d'argent pour patronner sa candidature aux

(1) « Qui de tout a esté cause ».

fonctions de maïeur. Son premier soin fut d'engager les gens de la ville à aller consulter des juristes et des avocats à Cambrai, à Laon, à Paris et ailleurs, sur les moyens propres à faire casser la sentence de Mons. Pour cela, il se tint des conciliabules dans sa maison où il s'exprima dans les termes les plus violents, disant que la charte communale avait été mal interprétée et accusant les conseillers du comte de Hainaut de s'être laissés corrompre. Il déclarait que la sentence était sans valeur, ne pourrait produire aucun effet légal, et que, d'ailleurs, il fallait en appeler à l'Empereur. Il parlait de même en pleine halle, annonçait que la sentence avait été rendue sur faux et mauvais conseils et à la suite de manœuvres subreptices. Du reste, il ne craignit pas de tenir plus tard le même langage au comte de Penthièvre lorsque celui-ci fut venu à Avesnes, et à plusieurs de ses officiers, soit secrètement, soit publiquement et même en plein conseil du Comte au Château. Lorsque la sentence fut prononcée, disait-il, il n'y avait nul procureur ou fondé de pouvoir pour représenter la ville et le seigneur, car Jean de Binche, comme conseiller du comte de Hainaut, avait trahi les intérêts de la ville. Il ne ménageait pas plus le jeune comte de Penthièvre et ses officiers, disant que le Comte n'en avait aucun de bon à son service et que sa ville et sa terre d'Avesnes étaient très mal gouvernées. Il avait osé même l'écrire au Comte quand il était en Bretagne ; mais lorsque celui-ci une fois arrivé, le manda auprès de lui, pour lui signaler les points défectueux de l'administration, il ne voulut rien préciser et eut recours à toutes sortes d'échappatoires.

D'autres personnages assez importants par les fonctions qu'ils avaient occupées et la considération dont ils jouissaient, partisans plus ou moins avérés du sire de Floyon, joignaient leurs propos aux siens pour exciter l'animosité des habitants contre la sentence et contre les nouveaux officiers du Comte. Nous citerons en première ligne, le sire de Morchipont dont nous avons déjà parlé. Il conseilla aussi d'envoyer des députés à Paris, à Laon, à Cambrai et ailleurs, pour consulter des juristes. Des conciliabules furent tenus dans sa maison au retour de ces députés. Il disait couramment qu'il était prêt à mettre sa tête en gage contre mille écus ou autre somme plus considérable, que la dite sentence soumise à l'examen de légistes instruits, serait reconnue par eux mal fondée et mal formulée. Par ses paroles et ses manœuvres, il fut un de ceux qui excitèrent le plus le menu et simple peuple de la ville à se révolter pour empêcher l'exécution de la décision de Mons et l'élection du maïeur, l'exhortant par avance à ne pas obéir à ces nouveaux maïeur et jurés qui, selon lui, ne devaient pas être considérés comme légalement et valablement institués. Il prit part aux assemblées et aux doléances contre le Comte et ses officiers, se montrant toujours le conseiller et le complice du sire de Floyon, auteur principal de la sédition. Enfin, malgré les grandes protestations qu'il fit du contraire par devant le bailli du Hainaut, il est réputé pour avoir fortement conseillé de soumettre la sentence en appel à la décision de l'Empereur.

Un vieillard, Godefroy Miache, vieux et contrefait, mais *un peu clerc de la vieille loi* selon les termes de l'enquête, mit à profit ses connaissances juridiques (*sa clergie*), pour essayer de prouver que la charte communale avait été mal interprétée et la sentence mal rendue. Les gens simples avaient la plus grande foi en ses paroles et il contribua beaucoup à induire le peuple en erreur dans cette affaire. Il fut aussi d'avis d'aller consulter des gens de loi et assista à la réunion qui se tint chez le sire de Morchipont où on examina les avis des juristes. Toujours il se montra un des dévoués conseillers des sires de Floyon et de Morchipont et l'accusation résume ainsi son appréciation sur son rôle : « *Ainsi l'Écriture dit : Quod senioribus egressa est iniquitas, ainsi qu'appert en l'histoire de Suzanne* ».

Un autre personnage instruit et beau parleur, Guillaume de Liessies, conseilla et appuya fortement l'opposition, spécialement en ce qui concernait l'interprétation de la charte communale et la sentence, disant souvent que tout avait été mal compris et mal conseillé et que la ville avait été dépouillée de ses privilèges sans raison et contre toute justice. Il dit aux maïeur et jurés qu'il serait bon d'aviser à ce que la charte communale fût observée comme elle l'était auparavant, demandant que la ville fût pourvue d'un *mainbour* ou gardien, puisqu'elle était privée de maïeur, car celui qu'elle avait était celui du seigneur et non le sien. Il agit même auprès du confesseur du Comte et de ses autres familiers, espérant par leur influence faire modifier la sentence ou tout au moins la faire laisser sans exécution. A Pâques de l'année 1413, invité à se rendre au beffroi pour prendre part à l'élection des jurés, il répondit qu'il n'y mettrait pas les pieds et qu'il ne tenait pas à ce qu'il y eût un maïeur institué, puisqu'il devait l'être illégalement. Enfin, dans le désir de discréditer les nouveaux officiers de la ville ou dans quelque autre mauvaise intention, il dit que Jacquemar Petit était allé, sur leur ordre, remettre au Comte, en Bretagne, une lettre par laquelle l'un des prédécesseurs de ce prince avait fait don à la ville d'une rente de 100 livres pour les pauvres, allégation mensongère au premier chef puisque ce titre de donation fut retrouvé dans les archives de la ville.

A côté des quatre principaux personnages, instigateurs de la sédition, se groupèrent une quinzaine d'habitants pouvant être considérés comme leurs collaborateurs immédiats dans leurs menées contre le Comte et ses officiers. Ce sont :

Piètre Cauderon, qualifié par l'enquête comme un des plus actifs meneurs de l'opposition ;

— Jean Husson qui prétendait qu'on pouvait instituer le maïeur sans se préoccuper des prescriptions de la sentence ; il assista à toutes les assemblées et démarches, se répandit en injures contre le Comte et ses officiers, disant qu'il valait mieux lui-même que n'importe qui de la *couvée*, expression grossière qu'il employait pour désigner le seigneur, ses partisans et les nouveaux jurés, tous gens notables tandis que lui n'était qu'un méchant couvreur de tuiles ;

— Jacquemon Plouvyer, fortement soupçonné d'avoir participé à tous les préparatifs de l'affaire et de l'avoir conseillée ; mais on ne peut en avoir la preuve, dit l'acte d'accusation, que par la déposition des autres coupables, car « il est sage et subtil et sait subtilement se contenir » ; mais, il était en grandes relations avec le sire de Floyon, un des grands partisans *(cadez)* des autres rebelles et s'entretenait souvent avec eux ;

— Guillaume et André, fils de Godefroy Miache, dont il a été parlé ci-dessus, passent pour avoir fortement coopéré aux démarches de leur père et même participé à la rédaction des lettres envoyées au Comte à Ham ;

— Pierret Loncle, passementier et valet du sire de Morchipont, méchant comme les autres et ayant parlé comme le désirait son maître ;

— Un compagnon de son genre, nommé Jardin, ayant déjà été condamné, pour de semblables propos, à faire un pélerinage à St-Jacques et au bannissement de la terre d'Avesnes ; il s'écria lorsqu'il fut banni qu'il tuerait une ou deux personnes avant son départ ; c'est, d'ailleurs, un *mauvais gars*, faisant profession de *ruffiannerie* et vivant ostensiblement avec une femme publique ;

— Morlet Moreau, sergent des anciens maïeur et jurés, a toujours été leur partisan et connaît tous les secrets de leur administration ;

— Godefroy de Prisches, neveu de Jean Husson, fit aussi partie du complot et refusa d'entrer dans la nouvelle *jurie* ou administration municipale ;

— Jean de Gondalier, grand agent du sire de Floyon, prit part à toutes les assemblées, discours et conseils ;

— Jean Lorais et son frère, deux *mauvais garçons*, pleins

de *tout mauvais langage*, réunissant dans leur maison les plus mauvais sujets de la ville ; leur réputation était telle qu'on appelait leur demeure : *la chapelle St-Étienne* ;

— Jean l'Orfèvre, fils de Druart, un des pires meneurs de Floyon, l'accompagnait partout en disant : « *suivons nostre bon père* » ;

— Colart Rousseau, boucher, prit une très grande part à toute l'affaire ;

— Gilles le Jeune, fort allié aux rebelles, assista à leurs assemblées, démarches et députations, et refusa d'entrer dans la nouvelle *jurie* ;

— Jean de Sémeries, autre parleur, plein de *vilain* langage ;

— Jean Vilain, charpentier, grand *brailleur* de paroles, assista à toutes les assemblées ;

— Jean le Cuvelier, grand *capitaine* des rebelles, disant que si on l'en croyait, on rendrait les nouveaux jurés d'Avesnes aussi petits garçons que lui-même, et, de fait, il est très pauvre, ajoutant qu'il voudrait pouvoir les traîner à la queue de son cheval pour les mener à la potence ;

— Henri Flayot, vaillant capitaine des archers, s'est beaucoup mêlé de toutes ces affaires, tant à *parler follement* qu'en assemblées et en toutes *mauvoistiez* ;

— Alard de Berlaymont, passait aussi pour un des grands *capitaines* de l'émeute et refusa d'entrer dans la nouvelle *jurie*.

Ces agents secondaires du sire de Floyon entraînèrent à leur tour beaucoup de gens du peuple qui leur servirent de meneurs subalternes pour pousser à la révolte. L'enquête a conservé aussi les noms de la plupart de ceux-ci, en ayant soin d'indiquer que plus tard beaucoup d'entre eux firent leur soumission au Comte. Ce sont : Jean de France, valet de messire Guy de Morchipont, Philippe Parent, Jean de Veloreilles, Colart du Bruille, Baudouin de Sémeries, Thomas de Prisches, Colart Lambert, Gobert Goisson,

Harnin Morant, Mongerait, concierge de l'hôtel du sire de Floyon, Guillaume Lambert, Colin le Braconnier, tous connus comme ayant participé au complot, assisté aux réunions et banquets, pris part aux discours et murmures contre le seigneur, ses officiers et la sentence, les uns plus, les autres moins, mais tous en ayant trop dit et trop fait pour qu'on ne croie pas qu'ils en eussent encore dit et fait davantage s'ils en avaient eu le pouvoir.

Tels étaient les personnages principaux, habitants plus ou moins notables et agents inférieurs, que le sire de Floyon réunit, soit dans son hôtel, soit dans celui de son ami Guy de Morchipont, dans le courant de l'hiver 1412-1413, pour aviser aux moyens d'empêcher le fonctionnement du nouveau mode d'institution du maïeur, réglé par la sentence de Mons, lors du renouvellement de l'administration municipale dans la semaine de Pâques 1413. Les officiers du Comte, les maïeur et jurés alors en exercice semblent avoir pris de l'ombrage de ces conciliabules, sans cependant les entraver, par crainte sans doute du sire de Floyon, toujours redoutable malgré sa disgrâce. Les longs services qu'il avait rendus ou était censé avoir rendus à la maison de Penthièvre, lui avaient permis de conserver une certaine influence sur l'esprit du jeune Comte et il était toujours à craindre de le voir un jour rentrer en faveur auprès de lui. Personne ne tenait donc à s'en faire un ennemi déclaré. Lui-même crut bon aussi, avant d'en arriver aux moyens violents, de chercher seulement à s'opposer par les voies légales à l'exécution de la sentence. On décida donc dans ces assemblées : 1° de tenter une démarche auprès du Comte pour l'engager à renoncer à l'application du nouveau mode d'élection du maïeur ; 2° d'envoyer des députés chargés de demander, au nom de la ville, à des juristes de Paris, Laon et Cambrai, leur avis sur la légalité de la sentence de Mons, avec mission de rapporter des consultations écrites.

Gilart de St-Gilles fournit l'argent nécessaire pour couvrir les frais de voyage des députés et payer les consultations juridiques. Puis les soi-disant envoyés de la ville partirent. C'étaient : Guillaume de Liessies qui alla en ambassade à Mons et au Quesnoy, vers le comte de Hainaut ; Piètre Cauderon qui l'accompagna dans ces deux dernières villes et vint ensuite trouver le duc de Bourgogne à Laon avec Jean Nonne et Jacquemars Tonneau ; de là, ceux-ci envoyèrent à Paris, pour consulter le juriste Gilles de Prisches sur la validité de la sentence, Jean Monnerot qui rapporta un mémoire sur la question ; ils allèrent aussi à Cambrai demander l'avis des docteurs ecclésiastiques ; le boucher Jean Parent qui accompagna aussi Guillaume de Liessies au Quesnoy ; lorsqu'il en revint il donna un fol espoir à plusieurs gens de la ville *(mist plusieurs de la ville en folle créance)*, leur faisant croire que les affaires de celle-ci étaient dans le meilleur état et disant qu'ils devraient baiser la terre sur les traces de Guillaume de Liessies, tant il avait bien travaillé pour eux.

A la suite de ces démarches, les députés de la ville et la plupart des personnages que nous avons indiqués comme les principaux instigateurs de l'opposition, se réunirent vers le dimanche des Rameaux de l'an 1413 (n. st.) au domicile de Guy de Morchipont, afin de décider dans un conseil suprême la conduite à suivre. Les avis des juristes consultés ne paraissent pas avoir été, en somme, favorables à la cause des opposants. A leurs yeux, la sentence de Mons avait été rendue par l'autorité régulière et elle était assez solidement motivée pour qu'elle fût inattaquable en droit. Les sires de Floyon et de Morchipont qui possédaient de grandes propriétés et de nombreux amis dans l'évêché de Liège et étaient, pour ce motif, arrière-vassaux de l'empereur d'Allemagne, parlèrent de soumettre la sentence à la révision de ce prince. Mais comme le temps pressait, puisque l'élection du nouveau maïeur devait avoir lieu dans la quinzaine, ce moyen dilatoire fut considéré comme trop tardif et peu sûr. Bref, l'assemblée, après force murmures et injures contre les officiers du Comte et ceux de la ville qui avaient accepté la sentence, décida qu'on chercherait à s'opposer à son exécution par les moyens violents.

Le premier consistait à faire disparaître des archives de la ville, déposées dans le beffroi, l'original même de la sentence, moyen pouvant paraître puéril à notre époque, où l'imprimerie reproduit rapidement et en un grand nombre d'exemplaires les titres importants, mais qui, alors, ne manquait pas d'une certaine importance, car l'original ou, à son défaut, une copie authentique de la sentence, était indispensable pour procéder régulièrement à la nouvelle institution du maïeur.

Le second moyen était d'empêcher, par l'abstention d'un certain nombre de notables, d'obtenir le *quorum* de votants nécessaires pour que l'élection fût valable. Enfin, en cas d'insuccès, on pouvait susciter une grève des tisserands et des foulons, gens toujours un peu turbulents et mécontents dans la plupart des villes industrielles au moyen-âge, et qu'il était facile de soulever et d'exciter au désordre. Ils pouvaient, par leur attitude hostile et leurs menaces, en imposer au Comte et à ses officiers et les faire renoncer à leur projet de procéder à la nomination du maïeur d'après les nouvelles formalités.

La sentence de Mons était, comme nous l'avons dit, déposée avec les autres titres précieux de la ville, dans une des salles du beffroi communal, dite salle des Archives, située au-dessus de celle où se réunissaient le maïeur et les jurés. Le beffroi s'élevait entre le Château (emplacement du Palais de justice actuel) et l'église St-Nicolas, c'est-à-dire assez exactement à l'endroit où a été bâti au dernier siècle l'hôtel-de-ville, édifice qui a encore aujourd'hui la même destination. Il s'agissait donc d'enlever subrepticement la sentence maudite des archives de la ville, opération délicate mais qui fut bien menée par le sire de Floyon avec l'assistance d'un de ses partisans, Piérart Velut. Celui-ci avait été élu juré précédemment et avait consenti même à prêter serment en même temps que ses collègues. Mais peu de temps après, il se démit de ses fonctions, prétendant même ne les avoir jamais acceptées. C'était un excellent armurier et « *soubtil ouvrier de serrurerie et de tout mestier de forge et de lime* ». Pendant le peu de temps qu'il avait été juré, il était resté à plusieurs reprises seul au beffroi pour prendre bonne connaissance des lieux. On racontait même qu'une fois, entre autres, peu de temps avant qu'on se fût aperçu de ce qui était arrivé, il s'était arrangé pour s'en aller le dernier du beffroi, avait fermé les portes et gardé les clefs de la porte d'entrée pendant une heure, ce qui lui avait permis de prendre l'empreinte de ces clefs avec de la cire, de la pâte, de la terre glaise ou quelque autre substance de ce genre, pour en fabriquer de fausses à loisir, car il était nécessaire d'avoir de fausses clefs pour pénétrer de l'extérieur, à moins de pratiquer une ouverture dans la muraille ou dans le toit, ce qui n'eut pas lieu, du reste, car tout fut trouvé à l'extérieur en ordre et les portes fermées. Mais quand on pénétra dans la salle des Archives, le jeudi saint de l'année 1413 au matin, on constata que celles-ci avaient été mises en un grand désordre et que l'original de la sentence avait disparu ainsi qu'une tasse d'argent servant à offrir le vin d'honneur au nouveau maïeur. La disparition de l'original de la sentence n'avait pas grand inconvénient, car il en existait un double authentique au Château. Néanmoins, ce *fait du beffroi* comme dit l'enquête, causa immédiatement une vive émotion dans la ville. Les jurés et le maïeur en exercice accusèrent aussitôt le sire de Floyon et ses partisans d'en être les auteurs. Ils portèrent leurs soupçons principalement sur Piérart Velut, nonseulement parce qu'il était *subtil* ouvrier, mais parce qu'il fut reconnu que le matin même où l'attentat avait été découvert, il dit quelques mots à l'oreille à un de ses valets et à un autre compagnon, ses complices sans doute, et ceux-ci aussitôt s'empressèrent de quitter la ville et le pays pour ne plus jamais y revenir. Lui-même, quand il apprit qu'on voulait le poursuivre pour ce fait devant le bailli de Maubeuge, s'enferma pendant trois jours dans sa maison, comme quelqu'un qui se sent coupable, et au moment où le sergent d'Avesnes vint pour l'arrêter et l'emmener en prison, il trembla et changea de couleur quoiqu'il ne fît pas froid.

Jean de la Chappelle passa aussi pour avoir assisté Piérart Velut dans son acte criminel, ainsi que Guillaume de Liessies et Piètre Cauderon qui en avaient connaissance et en avaient parlé quinze jours avant qu'il fût constaté.

Mais, en définitive, comme ce *fait du beffroi* n'avait été découvert que quinze jours au moins après avoir été commis, l'enquête faite pour en rechercher les auteurs ne put aboutir à aucune preuve certaine contre les personnes soupçonnées. Le sire de Floyon laissa même dire dans le public qu'il était l'œuvre des maïeurs et des jurés ; le but de ces derniers aurait été, d'après lui, de pouvoir l'en accuser lui-même et ses partisans. Jean Husson, l'un des amis de Floyon, alla jusqu'à prétendre qu'il avait vu dans la nuit qui précéda la constatation du fait, des jurés et le maïeur avec de la lumière dans la salle du beffroi et osa même conseiller hautement de les poursuivre.

L'ancien gouverneur réunit donc ses partisans chez lui et là Guillaume et André Miache, fils de Godefroy Miache que nous avons signalé comme le juriste de la bande, et qui, comme leur père, étaient aussi quelque peu clercs, rédigèrent un mémoire en forme de lettre adressée par le sire de Floyon au comte de Penthièvre dont la prochaine arrivée à Avesnes fut annoncée par un chevaucheur qui entra dans la ville le jeudi après Pâques de l'an 1413. Le lendemain, vendredi 28 avril, Jean l'Orfèvre et Jacquemars Tonneau partirent à sa rencontre pour lui remettre le mémoire de Floyon. Ce fut à Ham qu'ils le trouvèrent. Dans cette pièce, l'ancien gouverneur, parlant tant en son nom que pour le compte des gens de la ville, exposait à Olivier de Bretagne, les faits qui venaient de se passer, l'assurant qu'il était urgent qu'il se rendît dans sa ville d'Avesnes afin d'aviser aux mesures exigées par les circonstances avant qu'elles fussent prises par d'autres. Il ajoutait qu'il le priait, lorsqu'il serait arrivé, de vouloir entendre les gens de la ville aussi bien les « petits que les grands », et qu'il apprendrait ainsi beaucoup de choses intéressantes sur le compte de ses officiers. Les deux envoyés dirent encore au Comte qu'ils avaient mission d'aller le trouver jusqu'en Bretagne ainsi que sa mère la comtesse douairière, et que c'était par son chevaucheur qu'ils avaient su qu'il était en route et qu'ils le rencontreraient en Picardie.

Cette démarche de Floyon était assez habile. Elle allait au-devant des accusations qu'on devait porter contre lui et ses partisans au sujet de cette affaire du beffroi. Mais il est difficile de savoir si elle atteignit bien ce but et si ses ennemis ne l'avaient pas déjà devancé auprès du Comte. D'ailleurs, les événements beaucoup plus graves qui allaient se passer à Avesnes avant l'arrivée de ce dernier, reléguèrent bien vite au second plan cette affaire du beffroi.

Dans les premiers mois de l'année 1413, alors que Philippe Botreau était maïeur, l'administration municipale avait promulgué, après mûre délibération, certaines ordonnances pour réprimer les fraudes qui se commettaient dans le métier de la draperie de la ville. Elles règlementaient les salaires des ouvriers et fixaient, entre autres, le prix du tissage de la pièce de drap d'après ses dimensions qui devaient rester constantes et ne pas être diminuées par les tisserands. Au moment où elles furent rendues, le sire de Floyon n'était pas à Avesnes, mais dans le pays de Liège ; aussi furent-elles acceptées, nous ne dirons pas avec joie, cependant sans trop de murmures par les tisserands et par les foulons. Mais dès que l'ancien gouverneur fut de retour à Avesnes, il s'empressa de convoquer et de réunir ceux-ci pour leur expliquer que ce règlement était des plus contraires à leurs intérêts. Il finit par les convaincre si bien qu'ils se mirent en grève et restèrent trois jours sans travailler tenant des assemblées que présidait et dirigeait le sire de Floyon. Comme quelques-uns de ces artisans craignaient d'encourir des amendes pour leur refus de travailler, il les rassura en leur disant : « N'ayez pas peur, par le sang que Dieu versa, ils (les officiers municipaux) ne seroient si osés de vous blâmer, et s'ils le faisoient, ils ne sauroient faire pire journée ». Il proféra en même temps un torrent d'injures contre le prévôt de la halle, les sept hommes de la draperie et excita tellement la colère du peuple qu'un complot se forma contre leur vie. Ces tisserands les plus factieux étaient : Pierre Godeville, Brassin, Hiérenc, Lecat, Guillaume de Courouble, Estevenin Hoblot, Baudouin Masson, Jean Le Coutelier, Mathieu Baudouin, Lepage, Jacquemart Pauquier, Leurin de Polies, Jacquemart de Godeville, Jean de Godeville, Leurin Pasque, Willaume Willot, le valet de Robert de Buissière, les deux fils Boncœur, Pierre Pasque, Pierre Çarbonniau, Jean de la Haye, son valet. Les foulons dont les noms suivent s'étaient joints à eux : Hierbetin et son fils, Colart de Carouble et son fils cadet, Henri Le Forestier et son valet, Colart Houde et Laurent Le Forestier, son valet, Pierre Birmart et Mouzet, son valet, Jean de Sabieuls, Jean Bourgiaul, Guillain, Jean Lion et Jean Jérôme, son valet, Jean Baligant.

Deux des principaux adhérents de Floyon, Jean Husson et Colart Pommart, un jour qu'une assemblée du peuple devait se tenir au marché, vers la halle, allèrent dans la basse ville où habitaient principalement ces tisserands et ces foulons pour les engager à se rendre à cette réunion, disant : « Allons tost là haut, il est heure ou jamais, et là nous trouverons bien gens qui nous aideront ».

Un riche boucher, Colart Rousseau, mécontent aussi des rigueurs des *éwars* ou inspecteurs de la halle, n'hésita pas à marcher avec eux.

Les renseignements sur les dégâts commis par les émeutiers font défaut. Il est probable même qu'ils ne furent d'aucune importance, car, dans le cas contraire, l'enquête n'eût pas manqué d'en parler. L'affaire se réduisit donc à une promenade tumultueuse dans les principales rues de la ville, avec force cris et injures proférés devant les maisons des officiers municipaux et de leurs partisans. C'est encore de nos jours le cortège ordinaire des grèves.

Par tactique ou par crainte, les officiers de la ville et ceux du Comte n'étant par intervenus, l'effervescence populaire se calma rapidement et ne paraît pas avoir provoqué de bien grandes violences contre les personnes et les propriétés. Le maïeur et les jurés avaient certainement pris le parti le plus sage en agissant ainsi et en attendant la prochaine arrivée du Comte qui dut entrer à Avesnes à la fin d'avril ou au commencement de mai 1413. A ce moment les esprits n'étaient pas encore calmés, et le sire de Floyon, accompagné de quarante à soixante individus, vint trouver le seigneur au Château, et là, parlant, dit-il, au nom du peuple de la ville, il lui exposa le résultat de la consultation donnée par des hommes de loi au sujet du *fait du beffroi*, en le requérant de vouloir bien ordonner des poursuites devant le comte de Hainaut ou son bailli pour la recherche des coupables.

Le comte de Penthièvre, s'étant retiré dans une salle voisine pour se concerter avec ses gens, invita le sire de Floyon, comme son homme lige et son vassal, à assister à ce conseil. Mais celui-ci refusa formellement de s'y rendre, préférant rester dans la grande salle avec les gens du peuple qui l'avaient suivi jusque-là.

Le Comte, après avoir pris conseil de ses gens, feignit de vouloir donner satisfaction à la requête du sire de Floyon en ce qui concernait l'affaire du beffroi et ordonna que le maïeur Philippe Botreau et quelques-uns des jurés en exercice au moment où elle se produisit, seraient arrêtés et détenus au Château. Il espérait ainsi apaiser l'irritation du peuple et en même temps soustraire l'ex-maïeur et ses jurés aux violences auxquelles auraient pu se porter les mécontents sur leurs personnes. Mais Floyon semble avoir deviné le but secret du Comte, et, peu de jours après, il se présenta de nouveau au Château avec une bande de trente à quarante individus. Il rencontra dans la cour Philippe Botreau et ses co-détenus et s'écria en les voyant : « Bien-ça, Botreau, où sont tes mainfiés (témoins affidés); car toi et tes mainfiés avez juré de faire mettre au ban Jean Le Goudalier pour m'avoir livré du vin», accompagnant ces paroles de jurons et d'insultes à l'adresse des anciens jurés qu'il traita de *larronaille* (ramassis de voleurs) dont il était dommage que les méfaits ne fussent pas entièrement connus comme il espérait bien qu'ils le seraient un jour et qu'alors ils les expieraient cher. Sa grande colère provenait de ce que ledit Goudalier ayant été jadis autorisé par le maïeur Botreau, à lui délivrer, avec remise des droits d'afforage, du vin pour un banquet offert par ledit Floyon au Comte, avait outre-passé et abusé de cette autorisation, en lui en vendant une pièce entière.

Après avoir ainsi injurié l'ancien maïeur, le sire de Floyon pénétra avec la foule qui le suivait dans la grande salle du Château où se tenait le Comte qui, en ce moment jouait aux échecs. Sans le saluer, ni ôter son chaperon, il passa auprès de lui pour aller s'asseoir plus loin sur une table. Voyant alors Philippe Botreau qui était aussi entré dans la salle, parler audit Goudalier, il dit de nouveau qu'il ne paierait pas l'amende et que les méfaits commis par lui et par ses jurés seraient bientôt dévoilés. Il proféra encore d'autres injures grossières contre Jean d'Anstiergnes, Pierre de Bellay et Guillaume Collet, conseillers du Comte. Comme ce dernier exprimait le désir de savoir enfin la vérité sur les causes des désordres qui avaient régné et régnaient encore en ville, il lui dit que lui-même était l'auteur de la plupart de ces malheurs, et, comme Collet protestait, il ajouta avec colère: « Tais-toi, tu es un mauvais hardeau (vaurien), tu as bien contribué à me faire destituer de mon office. Par Dieu! Tu me le paieras»; le tout avec force violentes paroles, accusant les officiers du Comte devant lui, sans témoigner aucun respect pour sa personne.

Le Comte ayant cessé de jouer se leva et s'avança pour parler à Floyon. Mais quelques-uns de ses conseillers, dans la crainte de quelque affaire encore plus désagréable, l'engagèrent à passer dans sa chambre. Ce que voyant, l'ancien gouverneur s'écria : « il va à son conseil et nous, nous irons au nôtre d'autre part » ; puis, il sortit du Château entraînant la foule nombreuse qui l'y avait accompagné.

Le soir, le Comte lui fit dire d'avoir à venir le trouver le lendemain pour lui faire connaître quelles étaient les malversations dont il accusait les nouveaux officiers et de lui exposer en détail la mauvaise administration de la ville, car jusqu'alors il n'avait fait que de lui en parler ou de lui en écrire d'une manière vague et générale. Le sire de Floyon ne manqua pas de se rendre le lendemain à cette invitation et, prié de signaler les méfaits des nouveaux officiers, il fit un grand discours dans lequel il rappela les services rendus par lui soit au Comte, soit à son père, services qui, disait-il, lui avaient attiré le courroux et l'animadversion du comte de Hainaut au point de mettre sa vie en danger. Plusieurs partisans du comte de Hainaut, entre autres Robert de Glennes et Girard de Ville, lui avaient manifesté publiquement leur haine et tendu des embûches auxquelles il n'avait échappé que par miracle. Après un long préambule, roulant sur ses services, il finit par déclarer que l'administration de la ville était mauvaise et accablante pour les pauvres gens, mais toujours en restant dans des généralités et sans préciser aucun fait. Il remit cependant au Comte un nouveau mémoire, en le priant de le lire attentivement et d'écouter enfin les plaintes du peuple, ne voulant pas, ajouta-t-il, en dire davantage pour le moment. Mais ce mémoire, paraît-il, ne formulait aucun grief nouveau et précis contre les officiers du Comte et de la ville.

Le jeune comte de Penthièvre qui plus tard, comme nous l'avons fait remarquer en commençant cette étude, devait avoir, sous l'influence de sa mère, une conduite politique si peu prudente qu'elle amena la ruine momentanée de sa maison, fit preuve alors, au contraire, de la plus grande sagesse. Soit que, conservant toujours le souvenir des réels services rendus par le sire de Floyon tant à lui-même qu'à son père, il fût animé du désir de connaître la vérité toute entière sur les faits qui s'étaient passés à Avesnes, soit qu'il pensât avec raison que le meilleur moyen d'en finir avec son opposition et de détruire son influence sur le peuple, était d'agir avec modération, de ne rien brusquer et de n'employer la force qu'à la dernière extrémité, il résolut de faire convoquer les habitants en une assemblée générale aux halles où ils seraient requis de présenter leurs doléances, résumant les griefs formulés vaguement jusqu'alors contre les officiers du Comte et de la ville. Cette assemblée eut lieu, en effet. Mais, comme cela arrive fréquemment, mis à même de formuler leurs accusations, les plus violents n'osèrent prendre la parole. Il fallut que le sire de Floyon leur criât : « Que ne parlez-vous ? Parlez », pour qu'un murmure confus s'élevât dans la foule et dans lequel on put seulement distinguer des invectives contre la sentence de Mons et des marques d'approbation au discours de l'ancien gouverneur disant que cette sentence avait été rendue par malice, faux et mauvais avis et grâce à des manœuvres déloyales.

Cette assemblée des habitants, bien loin de produire sur l'esprit du Comte un effet favorable aux espérances du sire de Floyon, fit comprendre au jeune prince que l'ancien gouverneur était lui seul l'instigateur de tous les désordres qui s'étaient produits à Avesnes, car il apparut d'une manière évidente que sans son intervention, le peuple consulté eût gardé le silence et n'eût formulé aucune plainte contre les officiers municipaux et seigneuriaux. Il en conclut que l'administration de ces derniers n'était peut-être pas aussi mauvaise et aussi impopulaire que le disait Floyon. Pour en finir avec cette opposition qu'il jugea séditieuse, il résolut d'avoir recours à la force.

Les sires de Floyon et de Morchipont qui étaient bien hommes à avoir des espions jusque dans l'entourage du jeune Comte, furent sans doute avertis par eux des mesures de rigueur qu'on préparait. Peut-être même qu'Olivier de Bretagne, répugnant à l'idée de sévir contre deux de ses anciens officiers ou bien craignant quelque résolution désespérée de leur part au moment de leur arrestation, ce qui eût compliqué les choses, les fit prévenir officieusement d'avoir à s'éloigner. Quoi qu'il en soit, peu de jours après la dernière assemblée populaire, ils quittèrent nuitamment Avesnes pour se réfugier sur les terres qu'ils possédaient l'un et l'autre dans l'évêché de Liège. Le Comte n'hésita pas alors à faire arrêter les meneurs secondaires, tous ceux qui s'étaient particulièrement distingués comme les partisans de Floyon, entre autres, Jacquemon Tonneau, Jean de La Cappelle, Pirart Velu, Jean Nonne, Piéret Loncle, Jean L'Orfèvre, Jean Le Cuvelier. Une foule d'autres habitants dont le rôle cependant avait été assez obscur dans toute cette affaire, furent aussi inquiétés; mais ils firent leur soumission et demandèrent leur grâce au Comte qui la leur accorda.

Quant aux meneurs, ils furent enfermés au château où on instruisit leur procès. C'est l'acte d'accusation dressé alors contre eux ainsi que contre les sires de Floyon et de Morchipont, contumaces, qui nous a conservé le souvenir des faits exposés ci-dessus. Nous n'avons pas malheureusement la sentence définitive rendue à la suite de l'enquête et nous ne savons pas d'une manière certaine ce que devinrent les malheureux que le sire de Floyon avait entraînés à la rébellion. Il est probable que pendant qu'il était à l'abri dans ses terres de l'évêché de Liège, ils expièrent par une dure captivité dans les cachots du château d'Avesnes, par le bannissement et peut-être même par le gibet, la sottise qu'ils avaient commise de l'écouter.

La sentence de Mons continua à faire loi jusqu'à la conquête française pour régler le mode d'institution du maïeur, et il n'apparaît pas, d'ailleurs, que depuis lors, elle ait fait l'objet de nouvelles plaintes de la part des habitants. On pourrait en conclure qu'il n'est pas certain qu'elle ait été la véritable cause de la rébellion de 1413. Cette dernière eut pour première et principale origine le dépit des sires de Floyon et de Morchipont d'avoir été destitués de leurs fonctions. Ceux-ci s'emparèrent de cette affaire de la sentence, en grossirent les conséquences au point de vue des privilèges des habitants auxquels, après tout, elle ne pouvait porter qu'une bien faible atteinte et finirent par exciter le mécontentement d'une population qui avait, comme toutes celles des villes de la Flandre et du Hainaut, une affection un peu jalouse pour ses franchises municipales. Ils espéraient ainsi effrayer le jeune Comte, s'emparer de son esprit, le dominer pour reprendre le gouvernement de la terre et de la ville d'Avesnes. Il est même évident que dans le principe leurs menées n'avaient aucune portée politique et qu'ils ne songeaient nullement à placer Avesnes sous la suzeraineté très contestée des évêques de Liège et de l'empereur d'Allemagne. Après avoir vainement tenté de rendre favorables à leur cause le roi de France, le duc de Bourgogne et l'archevêque de Cambrai, ils ont pu proposer d'en appeler à l'Empereur ainsi que le leur reproche l'enquête avec beaucoup de sévérité, tant les prétentions impériales paraissaient alors exorbitantes et odieuses. Mais ils agissaient ainsi sous l'empire de leur rancune, sans se douter qu'ils rendaient par là leur cause des plus impopulaires.

S'ils n'avaient été animés dans cette affaire que par le désir de sauvegarder les privilèges municipaux injustement violés, les habitants les auraient certainement mieux soutenus. Eux partis et malgré l'emprisonnement des principaux meneurs, l'agitation aurait néanmoins continué, et, à la longue, à force de doléances et même de soulèvements, le peuple aurait fini par se faire réintégrer dans ses droits méconnus. L'histoire de l'affranchissement des communes de la région du Nord est là pour démontrer que les seigneurs finirent toujours par capituler devant les revendications de leurs sujets lorsqu'elles furent persévérantes. S'il n'en fut pas de même à Avesnes, c'est qu'au fond les habitants n'attachaient pas une grande importance aux modifications apportées par la sentence de Mons à la charte communale, si tant est qu'elle en eût apporté, ce que la disparition de l'original de cette charte ne permet pas d'affirmer.

Néanmoins les événements qui se passèrent à Avesnes au printemps de l'année 1413, s'ils sont sans grande importance pour l'histoire politique du XVe siècle, nous paraissent présenter assez d'intérêt pour mériter d'avoir été exhumés de l'enquête à laquelle ils donnèrent lieu. Toute la vie municipale d'une petite ville au moyen-âge est prise sur le vif et nous est révélée par ce document. Le seigneur, ses officiers en fonctions ou disgrâciés, les maïeur et jurés, les artisans divers, mais surtout ceux de la draperie, la principale industrie du pays, y défilent et s'y montrent étalant leurs passions à la fois violentes et mesquines, leur état d'âme, comme on dirait de nos jours, et, à ce point de vue, nous croyons que l'enquête d'Avesnes nous a conservé le souvenir de faits qui dans leur ensemble retracent une page curieuse de nos annales.

PIÈCES JUSTIFICATIVES.

Nota. — Nous avons joint aux pièces relatives à l'émeute de 1413, toutes celles conservées aux Archives des Basses-Pyrénées qui concernent la terre d'Avesnes pendant qu'elle eut pour seigneurs les comtes de Penthièvre et d'Albret.

Mémoire relatif à la terre d'Avesnes et copies d'obligations s'élevant à la somme de 25,000 fr. souscrites par Olivier de Bretagne pour dégager la dite terre des mains du comte de Hainaut à qui elle avait été remise par les exécuteurs testamentaires du feu comte Jean de Blois, en attendant le paiement de la dite somme (6 mars 1410, 1411 n. st.)

(Archives des Basses-Pyrénées. E. 120).

C'est ce qui a estet fait et besoingnié en la terre d'Avesnes par maistre Eulard des Aubeaux, consillier de monseigneur de Bourgoigne et Guillaume Colet, secrétaire de madame et monseigneur de Paintevre, par le command et ordenance d'icheux.

Premiers, quant li desdits commis arrivèrent audit Avesnes pour ycelle cause, ilz trouvèrent la dicte terre despuis le trespas de feu monseigneur de Blois jusques alors où il avoit de XIII à XIIII ans, avoit esté et encore estoit en la main de monseigneur de Haynnau, à le requeste et traité des exécuteurs du tiestament d'icelui monseigneur de Blois pour la somme de XXV^{M} frans, dont ilz avoient lettrez exécutores sans surcy (?) et sans condicion, comme il est acoustumet de faire en Haynnau et pour acomplir ledit tiestament qui monte à grant somme de finance.

Item, et, avœcq ce, trouvèrent tel gouvernement en ladicte terre que ycelle estoit chargié de charges ordinairez sans ce qu'elle fust en riens acquitée vers lesdits exécuteurs de IIII^{M} C frans eskeus à Noël darain passé IIII^{c} X, qui estoit deub à la femme Cluignet de Braibant, qui fu femme dudit conte de Blois, combien que s'il y eust eu bon gouvernement elle deust avoir acquitié les dictes charges ordinaires et trop plus grant somme oultre que on ne paye de présent asdis exécuteurs.

Item, que ycheux commiz ont tant fait et traitié avœcqz cheux à qui lesdits IIII^{M} C frans estoient deubz, que en la présence d'iceux monseigneur de Bourgoigne et monseigneur de Painthevre, ilz ont quictié la somme de mil frans par si que on leur paiast les autrez III^{M} C frans, les XII^{c} audit Noël IIII^{c} X, les VII^{c} à Pasquez ensuivant IIII^{c} et XI et les autrez XII^{c} pour le parpaie desdits III^{M} C frans à le Saint-Jehan prochain ensuivant oudit an IIII^{c} et XI. Desquelx III termes les deux, est assavoir Noël et Pasquez qui desjà sont passés, sont paiés et le tierch qui est de XII^{c} frans à ladicte Saint-Jehan est asignée et ordonnée où ilz prenront l'argent qui bon se trouveroit sour ledicte terre d'Avesnes, par ce que on a déposé le gouverneur qui perçevoit grans gaiges et ausci que on a escheut pluiseurs grans frais qui par ledit gouverneur et autrez se faisoient sans cause sur la dicte terre, combien que ycelle terre n'ait point plus vallu en ceste année présente que elle fist les autrez anneez précédentes.

Item, et, avœcq ce, ycheux commis par le bon moyen et aide qu'il ont eu de monseigneur de Haynnau par devers lequel il ont estet par pluiseurs fois tant en Hollande, en Zellande comme en Haynnau, pour ce sans sa présence .... (1) chose ne s'en pooit faire, ont traitiet en sadicte présence avœcq ycheux exécuteurs pour la somme de V^{M} escus qu'il en devoient avoir, dont les mil escus devoient y estre paier comptes ou dedens Pasquez lors ensuivant et darrainement passéez.

Item, que ycelle somme de mil frans a estet délivrée ausdits exécuteurs et la seurté baillée à... *lois ?* de leur consel, de eulx paier les autrez IIII^{M} escus as termes qui s'enssuivent : est assavoir mil escus à Noël IIII^{c} XI prochain, mil escus à le Saint-Jehan ensuivant IIII^{c} XII, mil escus à Noël oudit an et les autres mil escus pour le parpaie de ladicte somme de V^{M} escus à le Saint-Jehan ensuivant l'an IIII^{c} XIII. Ils debvoient rendre ladicte obligation ensamble ledit testamenteur et debteur ès mains desdits commis, au pourfit dudit monseigneur de Penthèvre.

Item, est vrai que en entretenant ycellui traitié li desdits commis ont fait paier les desdits mil escus à yceux exécuteurs dont ilz ont leur quictance et bailler la seurté desdits IIII^{M} escus tant qu'il en sont bien contens, et moiennant ce, yceux exécuteurs leur ont baillié et délivré, pour et au profit dudit monseigneur de Painthèvre, ladicte obligacion de XXV^{M} frans, ensamble ledit testament.

Item, leur ont baillié une obligation sur madamoiselle de Couchi de VI^{c} et leur doivent bailler une autre obligacion sur messire Jehan de Namur de XI^{M} frans ou environ.

Item, ont lesdits exécuteurs dit à ycheux commis que feu monseigneur d'Orléans derrain trespassé leur devoit, à cause de ladicte exécution, la somme de V^{M} frans ou environ, sans ce qu'il en euist obligacion de luy,

---

(1) En blanc dans la pièce.

mais ce estre cose toute notoire et que on poit bien poursuir pour s'en faire paier, que le visconte de Meaux y devoit aussi environ II^c escus dont ils bailleroient l'obligation et se y devoient aussi aucuns autrez desquels ilz enquéroient et tout ce qu'il emporoient trouver, ils bailleroient ausdits commiz au pourfit dou dit monseigneur de Painthèvre.

Item, que ladicte obligation de XXV^M frans ledit testamenteur, ycellez obligations de debtes et toutes autrez debtes et actions quelconcquez que par vertu de ladicte exécution il poroient avoir en quelque manière que ce feust ilz ont oultre ausdits commiz .... (1) et transporté et au profit d'icelui monseigneur de Penthièvre et leur en baille on tel pooir comme eux meismes avoient; et en sont lettrez passées pardevant hommez le conte en Haynnau comme il est acoustumé.

Item, se sont lesdits exécuteurs chargiés et obligiés par ledit transport de acquitter ledit monseigneur de Painthèvre de toutes les debtes et charges qui à la cause dicte estoient venues à leur cognissance jusques au jour dudit traitié, et lesdits commis se sont ausci obligiés, ou nom dudit monseigneur de Painthèvre, de eux acquicter de toutes les charges et debtes que à ladicte cause leur poroient venir sans fraude depuis ledit traitié saucunes en y avoit.

Item, que lesdits commis pour deschargier la dicte terre des grans charges, frais et despens qui y estoient, ont déposé le sire de Floyon qui en estoit gouverneur sans en y remettre aucun en son lieu, pour ce qu'il n'est jà besoing et souffist assés de avoir les offissciers ordinairez et acoustumés pour le gouvernement de la dicte terre : esquels offisces ils ont commis et ordené, ou nom d'icellui monseigneur de Painthèvre, par l'advis du consel de mondit signeur de Haynnau, les plus notaublez et ydoines personnez qu'il ont peu trouver et au mains de gaigez et de frait qu'il ont peu.

Item, que pour aidier à suporter à mondit seigneur de Penthèvre les carges dessus dictez pour l'acquit et descharge de sa dicte terre, ycheux commis ont requis aux boinez gens d'icelle terre de lui faire aucune ayde et tant que ycheux et cheux dou Nouvion leur ont acordé aydez qui poront monter et bien valloir II^M V^c escus ou environ.

Item, que on trouvera bien sans aucunement cargier ledit monseigneur de Painthèvre, oultre ce que dit est, parmy ladicte ayde de II^M V^c escus et la revenue dudit Nouvion pour parfurnir ladicte terre, traicté et paier lesdictes charges ordinairez et réfections d'ouvraiges nécessaires, et que au bout du temps que le dernier payement desdits IIII^M escus expira, ycellez deux terres d'Avesnes et du Nouvion seront entirement acquittées des charges au dessus des charges ordinaires et que encore y ara de l'argent de demourant.

(1) En blanc dans la pièce.

A tous ceux qui ces présentez lettrez verront ou oront Foucque de Merle, cancelier et canonne de l'église de Tournay, consillier du Roy nostre seigneur et garde du séel royaul ordonné en sa ville et cité de Tournay, salut. Sachent tout que pardevant Gille de Quartes, tabellion royal juré et estaubli en ladicte ville, auquel nous adjoustons plaine foy, se comparu personelment hault et puissant prince Olivier de Bretaingne, conte de Painthèvre, visconte de Limoiges, signeur d'Avesnes et dou Nouvion, et congneult en la présence et par la liscense et actorité de très hault et puissant prinche monseigneur le duc de Bourgongne, conte de Flandres et d'Artois, son curateur, que comme nagaires messire Robiert de Glennes, chevalier, Gérart de Ville, Gérart de Hugiemont, Jehan d'Avesnellez, Godefroy Clavet, Jakemart Petit, Jehan Bouchemiel, Jehan le Boutillier, Colart Colechon, Colart Goisson, Ostart Sansterre, Jehan Deleval, Robiert de Flavignis, Jehan Morel, Colars de Flavignis, Huurt de Haucourt, Jehan Hulin, Jehan Duilloite, Jehan Godart, Colin Tassin, Jehan Rifflart et Jaquemart de Bonneit, de Bonneix et cascun d'eux se soient obligiés et créans pour lui enviers monseigneur de Havrech, monseigneur Jehan le bastart de Blois et Sohier de Marck, exécuteurs du testament et ordenance ou daraine volenté de deffunct monseigneur Ghuy, conte de Blois darain trespassé, cui Dieux pardoinst, à cause de certain apointement qui avoit estet fait auxdis exécuteurs par monseigneur Jehan de Bretaingne, père audit monseigneur de Painthèvre, par celi monseigneur Jehan de Bretaingne ou autres ou nom de li, à cause dudit testament et ordenances et pour cause de certaines obligations de certainez sommez de deniers, en coy ledit feu signeur de Blois estoit tenus et obligiés enviers lesdits exécuteurs ou aucun d'eux que ilz et cascun d'eux ont transporté audit monseigneur Jehan de Bretaingne. C'est assavoir : en la somme de IIII^{M} florins d'or escus à la couronne, du quing du Roy nostre sire, à paier aux termes qui s'enssuivent ; c'est assavoir : mil escus d'or à la couronne, tels que dis sont, à la fieste de la nativitet Nostre Seigneur qui sera l'an mil IIII^{C} et XI ; item, à le nativitet monseigneur saint Jehan Baptiste enssuivant l'an mil IIII^{C} XII, mil escus d'or à la couronne tels que dis sont ; item, à le nativitet Nostre Seigneur prochain enssuivant en celui an mil escus d'or à la couronne tels que dis sont. Et les autrez mil escus d'or à la couronne pour la fin et derrenier payement desdis quatre mil escus à la nativitet saint Jehan Baptiste qui sera l'an mil IIII^{C} et XIII. Comme ladicte obligation et plègerie ledit monseigneur de Painthèvre dist plus à plain apparoir par certaines autrez lettres sour ce faites que li dis exécuteurs ont devers eux, assavoir est que ledit monseigneur de Painthèvre recongneult en oultre que, à sa requeste et pour luy, lesdis pleiges s'estoient et sont obligiet en ladicte somme de quatre mil escus paier aux dits termes aux dessus nommeis exécuteurs, et pour et à l'acquit doudit monseigneur Jehan de Bretaigne, son père. Pour coy il promist et eult enconvent loyaulment et par la foy de son corps pour ce jurée en la main dudit tabellion d'icheux ses dis pleiges, leurs biens et hoirs acquitter, délivrer et despécher, quittez et délivrez de ladicte somme de quatre mil escus d'or et de tout ce enthirement dont eulx ou aucun d'eux ou leurs dis biens et hoirs poroient estre poursuiwis ou damaigié à cause del obligation et pleigerie par eux sur cescune tout si par temps et en tel manière que les dis pleiges, créans et obligiés ne aucun d'eux ne leurs dis biens, hoirs ou ayans cause n'en soient ou puissent estre aucunement poursuiwis. Et en nom de seurté ledit monseigneur de Painthèvre a mis et baillié et par ces présentes lettrez met et baille ès mains desdis pleiges, créans et obligiés ou de chelui ou cheux que eulx y commeteront tous les pourfis, revenuez et aides que il aura et prandra et li sont ou seront octriés en ses dictez terres d'Avesnes et du Nouvion en quel manière que ce soit, pour en tant prendre cuillier, lever et recepvoir que pour paier et accomplir la dicte somme de IIII^{M} escus d'or dessusdis aux termes dessus desclarés. Et s'il avenoit qu'il y euist aucune deffaulte, ès payemens encouvens dis ou en aucun d'icelui, le dit monseigneur de Painthèvre volt et acorde que incontinent et à cascune fois que deffaulte y aroit faist en tout u en partie, les dis pleiges, créans et obligiès ou aucun d'eux peuissent ou puist ou le porteur de ces lettrez donner sour lui monseigneur de Penthèvre et sour tous ses biens, pour lui et ses dis biens constraidre à tenir et ranplir la dicte deffaulte, vingt sols tournois de paine ou le quint denier par voie de paine, d'autant que toute li deffaulte monteroit, aux gens et officiers du Roy, nostre sire, ou à quelque autre signeur de terre bailliu ou justice que mieux leur plairoit ou le dit porteur. Laquelle paine ou quint, se donner estoit, fust une fois ou pluiseurs, ledit monseigneur de Penthèvre promist à paiier et ausci tous les coux, frais, despens, damaiges et autrez pour ce fais et encourus sour le simple dit desdis pleiges ou don porteur de ces lettrez, sans autre preuve, traire ne déclaration faire, et sans le contenu en ces présentes lettrez de riens admenrir. Et quant à tout ce bien paier, tenir et acomplir en le manière que dessus est dit, le dessus nommet monseigneur de Painthèvre en a obligié et obleige lui et tous ses biens, ses hoirs, ses sucesseurs et tous les biens d'icheux, meubles, cateux et hiretaiges présens et futurs par tout où qu'ils soient et poront estre trouvet, et par espécial, sans ladicte générale obligation admenrir. Pour plus grant seurté desdis pleiges, créans et obligiés, ycelui monseigneur de Painthèvre a obligié et impottéquié, oblige et impotèque, par ces présentez lettres, ses dictez terres d'Avesnes et du Nouvion et toutes les appendances et appartenches d'icellez, pour en tant prendre et faire prendre, saisir, ariester et détenir, vendre, exécuter et à demeurer tel foer (?) tel vente que jusques à plain et entir acomplisement et intérinement du contenu en ces présentez lettrez. Volt outre ledit monseigneur de Painthèvre que dès maintenant toutes fois que mieux plaira aux dessus nommeis pleiges, créans et obligiés à luy ou aucun d'eulx ou au porteur de ces lettrez la main du Roy, nostre sire, comme souveraine soit, par certain sergent et commission, mise et assise de fait à tous ses dessusdis biens et hiretaiges ; pour et en seurté de l'acomplissement dit, et par sadicte foy et serment, renoncha ledit monseigneur de Painthèvre, à tout ce qui à luy u à ses hoirs ou ayans cause poroient aidier ou valloir pour aller contre le contenu en ces présentes lettrez et au droit disant : généraul renonciation non valloir ; et meismement mondit seigneur de Bourgoigne comme curateur et ayant le gouvernement de mondit signeur de Painthèvre, promist en bonne foy et se obliga sur l'obligation et impottecque de tous les biens, meubles, cateux et hiretaiges de ladicte curatelle, à tenir, fournir et acomplir les coses dessusdictez et cescunez d'icelles contenuez en ces présentez ou leurs dépendances, sans aller ne faire aller au contraire en aucune manière. En tiesmoing de ce, nous, à le relation du dessusdit tabellion, avons mis ledit séel royaul à ces présentes lettrez qui furent faites le Ve jour dou mois de march l'an de grasce mil IIII^C et X.

A tous ceux qui ces présentes lettrez verront ou oront, Foucque de Merle, cancelier et canonne de l'église de Tournay, consillier du Roy nostre sire et garde du seel royal ordonné en sa ville et cité de Tournay, salut. Sacent tout que pardevant Gilliart de Quartes, tabellion royal juré et estaubli en la dicte ville, auquel nous adjoustons plaine foy, se comparut personnelment hault et puissant prince Olivier de Bretaingne, conte de Painthèvre, visconte de Limoiges, signeur d'Avesnes et dou Nouvion : et recongneult de sa boine volenté sans aucune constrainte en la présence et par l'actoritet et licence de très hault et puissant prinche monseigneur le duc de Bourgoingne, conte de Flandres, d'Artois et de Bourgoingne, curateur d'icelui signeur de Peinthèvre, à devoir et estre tenus comme sa propre debte boine et loyal, à Gérart de Hugiemont, la somme de V^C et L florins d'or, escus à le couronne dou quint du roy, nostre sire, aussi souffissant qu'il keurent à présent, que ledit Gérard de Hugiemont lui avoit et a presté et délivré admiaublement pour secourir à ses besoings et nécessités et dont ledit monseigneur de Painthèvre s'est tenus et tient pour bien comptens. Laquele dicte somme de V^c et L florins d'or, escus à la couronne, tels et aussi souffissans que dis sont, ledit monseigneur de Painthèvre debteur a promis et promet loyaulment et par la foy de son corps, pour ce jurée en la main dudit tabellion, à rendre et paier audit Gérard de Hugiemont ou au porteur de ces lettres dedans un an à compter dou jour de le dacte de ces présentez lettrez, sour encouré en XX sols tournois de paine ou au quint denier par voie de paine, d'autant que toutte li deffaulte montera, que ledit Gérard de Hugiemont poroit et pora ou le porteur de ces lettrez donner, et lequel que mieux luy plairoit ou ledit porteur, sour ledit monseigneur de Painthèvre, debteur et sour tous ses biens si tost que deffaulte y aroit, fuist en tout u em partie aux gens et officiers du Roi, nostre sire, ou à quelconcquez autre signeur de terre, bailli ou justice que mieux lui plaira ou ledit porteur ; et celle paine ou quint, se donnée estoit, ledit monseigneur de Painthèvre, debteur en a obligié et obleige sen corps et tous ses biens, ses hoirs, ses sucesseurs et tous les biens d'iceux meublez, cateux et hiretaiges présens et futurs partout où qu'il soient et poront y estre trouvet, et par espécial sa terre de Nouvion et les levées et revenuez et exfinis (?) appartenants à ycelle, pour tant d'iceux prendre, faire prendre, saissir, arester et détenir, vendre, exécuter et à demeurer tel foer, tel vente par tous signeurs baillius et justiciers que jusques au plain payement et entir acomplissement dou contenu en ses présentes lettrez. Volt ledit monseigneur de Painthèvre que dès maintenant ou toutes fois que mieux plaira ledit Gérard de Hugiemont ou le porteur de ces lettrez, la main du Roy nostre sire comme souveraine soit, par certain sergent et commission, mise et assisse de fait à ladicte terre de Nouvion et ses appendances d'icellez et généralment à tous ses autrez dessus dis biens et hiretaiges, pour et en seurté de l'acomplissementdessusdit et par sa dicte foy et serment, renoncha ledit monseigneur de Painthèvre, debteur, à toutes les coses exceptions et raisons quelconcquez qui, tant de droit comme de fait, aidier ou valloir poroient à lui et à ses hoirs, sucesseurs ou ayans cause pour aller, faire ou dire contre le contenu en ces présentez lettrez, et meismement au droit disant général renonciation non valloir. En tiesmoing de ce nous, à la relation du dessusdit tabellion, avons mis ledit séel royal à ces présentez lettrez, qui furent faites le Ve jour du mois de March l'an de grasce mil IIII^{C} et dyx.

Ordonnance concernant la manière de procéder à l'élection du mateur d'Avesnes (30 septembre 1412).

(Archives des Basses-Pyrénées, E. 120).

Nous Mahieu de Mauraige, sires de Heruwinsart, chevalier, baillieus de le terre d'Avesnes, faisons savoir à tous que le vintysme jour dou mois de juing lan mil quatre cens quinze, Nous veismes et oysmes lire unes lettres saines et entieres scellées souffisamment dou scel de le baillie de Haynaut et contenoiens de mot à mot le fourme et teneur qui senssuilt : A tous chiaulx qui ces présentes lettres veront et oront, Pierres, dis Brongnars, sires de Haynin, chevaliers, baillieus de Haynau, Salut. Come aucuns discors et contens fust meus et engenrés et grandement aparans de mouteplyer par entre les gouverneurs et officyers de hault et poissant signeur le comte de Penthevre, seigneur d'Avesnes, dune part, et pluiseurs des bourgois et masuyers de ledicte ville d'Avesnes, tant maïeurs et jurés comme aultres, d'autre part, pour cause de lélexion et création dun maïeur qui cascun an dedans wit jours apriès Pausques se doit faire en celi ville, de coy fait mention une chartre jadis donnee par ung signeur d'Avesnes à sedicte ville ; duquel differens et discors pooient sourdre et briefvement avenir grans frais damaiges et inconveniens au préiudice desdictes parties et à lamenrissement de celli ville qui est à pur et à plain ou pays de Haynnaut. Sacent tout que nous li baillieus de Haynnaut dessusdis, briefvement apriès ce que chiuls estas nous fu venus à congnissance, pour tant que acause de me offisce devons labourer et devoir faire de tels discors apointier et les causes pour coy il sont meu remettre en raison et en justice, en gardant le droit de l'une partie et de l'autre ; par délibération et de pluiseurs dou consel de très hault et poissant prince no très chier et redoubté signeur monsigneur le comte de Haynnaut et de Hollande, ordonnasmes et volsimes lesdictes parties venir et comparoir en le ville de Mons en Haynnau pardevant nous et pluiseurs doudit consel pour ce especiaulement là endroit assamblé ; affin dicelles parties oïr et recevoir en toutes leurs bonnes raisons et remonstrances si avant que faire les volroient et sour chou ordonner dou cas comme il appertenoit. Si est vray que au jour pour chou ordonné vinrent et comparurent audit lieu de Mons pardevant nous et ledis consel les gouverneurs et offiscyers de le dicte terre d'Avesnes à ce jour ou non et de par leurdit signeur ; et aussi pluiseurs des bonnes et notaubles gens dicelli ville tant jurés comme aultres ou nom et pour tout le corps et communaulté dicelle ; et là endroit lesdictes parties aportèrent et mirent oultre le coppie de ledicte chartre ; et après ce que cascun diauls eult remonstret comment il devoit y estre entendue et usée, de coy il lesdictes parties estoient grandement contraire ; il ensamble et dacord supplyèrent à nous et audit consel que sur ce leur fust déclaré et ordonnet comment y estre en deveroit et doit de ce jour en avant, cascune desdites parties disant que sur quelconques usages contraires à le teneur de ledicte chartre saucuns en y avoit heus par chi devant, ne se volloient fonder ne ariester, mais voloient revenir et y estre entretenut en ce quelle contenoit et que raisons commune et juste interprétations en volloit à le discrétion de nous et dudict consel. Sour coy nous lidis baillieus de Haynnau et consauls, désirans lesdictes parties apointier par voie amiauble sans righeur et sans frais, feismes le coppie de ledicte chartre par clers notaubles tant dudit consel comme aultres, translatter justement de latin en romanch. Et après ce par boine délibération par pluiseurs fois et à pluiseurs journées ceste coppie et la translation fu veuwe et avisée et le mattere grandement escrutinée. Et pour ycelle tant plus notaublement et plus seghurement faire, furent toutes ces coses et les propos des parties et ossi li oppinions dudit consel monstrées, lieutes et déclarées à no devant dit très redoubté signeur, Monsigneur le comte de Haynnau en son hôtel de Naste en sedicte ville de Mons là u il avoit adont pluiseurs signeurs de son conseil. Et tant que nosdis très redoubtés sires et tout chil de son consel qui là estoient en furent d'accord et sur une opinion; et nous en commanda à faire sentensce, ordonnanche et déclaration entre lesdictes parties qui pour ycelle oïr et recevoir estoient là endroit venu et qui par pluiseurs fois len avoient poursuiwi et supplyet. Et pour chou nous lidis baillieus de Haynnau présent et avœcq pluiseurs dudit consel ichelui jour et en notre hostel dacort ensemble, feysmes entre lesdictes parties telle sentensce et déclaration dudit cas comme senssuilt et est dit et deviset en ces présentes lettres...... Premiers leur fu dit et remonstret que de cescun aiant raisonnauble entendement en lui devoit y estre senti et congneu que à cescun seigneur de ville fremée ou dautre où il a usaige d'avoir maïeur, li créations et estaublissemens dicelui maïeur li apertient par droit et de raison commune, sans ce que on li doive hoster se parfait espécial grant et noble nappert souffisamment que priveis et hostés en soit de sen fait ou dou fait de ses prédicesseurs ; par coy devoit et doit bien estre entendu le élexion et création dou maïeur d'Avesnes y estre appertenant au seigneur de ce lieu se le chartre dessusdicte nen faisoit devise au contraire ; à considérer que sour aultre cose nulle que ledicte chartre, lesdis bourgois et manans d'Avesnes pour soustenir pourpots contraires ne sestoient fondet. Item, et lidicte chartre quant à ce contient et déclare par mos expres en un lieu que li sires d'Avesnes u ses prouvos pour lui doit prendre maïeur et en un aultre lieu de celi chartre est dit que se ce nestoit fait cascun an dedens wit jours après Pausques, li juret de celi ville le polroient à donc eslire et en nul autre lieu ceste chartre ne contiens rien au contraire, pourquoi elle fait boine déclaration concordans au droit commun dessusdit que audit signeur d'Avesnes chiuls fais appertient afin que il le fache et en use cascun an dedans le jour dessusdit et nen est par ycelle chartre en riens priveis ne hostés. Et pourtant fut et est dit en cette présente sentensce et déclaration que de ce jour en avant a tousjours perpétuellement, lidis sires d'Avesnes ou ses prouvos en son absensce, cascun an dedens les wit jours après Pausques...... eslize lun de ses manans ou subgés de sedicte ville d'Avesnes pour y estre maires de celi ville et puis appielle ou fache appieller et traire appart et en consel les jurés de ledicte ville en demandant à eus leur consel et advis de le personne diceluy, assavoir se il est ydoimes pour tel offisce exercer seloncq et au regart des autres personnes de celi ville. Et se adonc lidit juret n'en sevent u wellent pour vérité aucune cose dire encontre chiuls ensi esleus, doit y estre sermentés et créés oudit offisce ensi quil appertient ; mais si lidit juret quant ensi seront requis de consel et avant ledit sarment fait, disoient aucune cose véritable et souffisans contre le personne de cel eslu par coy ydosnes ne fust doudit offisce faire, lequel cose deveroient dire en manière de consel en secret et appart et non mués publiquement, lidis sires ou ses prouvos pour lui ne deveroit point cel esleu créer ne sermenter, ainschois deveroit eslire un autre cui il li plairoit ydosne et souffissans qui par raison peuist et deuist tel offisce recevoir et exercer et contre lequel lesdis jurés ne seuwissent pour vérité dire au contraire et tout sans maise acquison, car à celi consauls desdis jurés siert et doit estre entendus et non à aultre cose. Et se dedens lesdis wit jours apriès Pausques, lidis sires d'Avesnes ou ses prouvos pour et ou nom de lui, ne faisoit devoir cascun an de ainsi prendre et eslire maïeur, lesdis jurés d'Avesnes, après ces wit jours passés, le poroient et polront prendre et eslire de personne ydosne et raisonnable pour durer ycelli année ainsi que ledicte chartre le contient. Et pour ce que despuis Pausques l'an mil quatre cens et douze jusques au jour de cette sentence ordonnance et déclaration prononcié où il a de terme et espasse demy an u environ, il na en ledicte ville d'Avesnes heu nouvel maïeur créé pour lannée, mais a exersé icelui offisce chieux qui par avant lestoient, sans porter préiudice à nul des propols desdictes parties, il a estet et est dit en ceste présente sentensce que pour certaines causes qui à ce peulrent et durent mouvoir nodit très redoubté signeur et son consel et en espécial pour ce que par ledicte chartre ceste créations se doit faire cascun an dedens les wit jours prochains après Pausques, chiuls qui aujour de cestedicte sentensce et ordonnance exersoit ledit offisce y fuist et soit entretenus jusques audit terme de Pausque prochainement venant l'an mil quatre cens et treze sans chou que chiuls estas porte préiudisce en tamps à venir audit ségneur ne à le ville. Et adont on en y devera mettre ung aultre ensi et par le manière que il est dit et deviset par chi dessus. Lequelle sentensce, ordonnance et déclarations a estet et est ainsy prononchié entre lesdictes parties qui amiaublement le oyrent et rechurent pour agréauble. Et pour tant que elle vaille et soit tenue de ce jour en avant à tousjours, nous li baillieus de Haynnaut dessusdis mandons et engoindons à tous là u il appertient présens et advenir que ensi et par le manière que dit est dessus en soit uset, maintenut et exersset sans faire ne aller encontre en tout ne en partie en manière quelconques sour encourre l'indignation de nodit tres redoubtet signeur le comte de Haynnaut. A ceste sentensce, ordonnance et déclaration ainsi dire et prononchier entre lesdictes parties furent avœcq nous hault et noble le seigneur de Traseignies, vénérables saiges et discrés, messieurs Bauduin de Fromont, prévost des églises de Mons et trésorier de Haynnau, Gérart Engherant, recepveur de Haynnaut, Willaume de le Joie, recepveur des mortemaings dicelui pays, maistre Jacques de le Thour, licenscyer en drois et en lois, diien et canonne de léglise de Saint Germain de Mons, Messieurs Estievene Wiart, Jehan Seuwart, Jehan de Binch et pluiseurs aultres comme du consel de nodit très redoubtet signeur. Che fut fait en ledicte ville de Mons l'an de grasce nostre segneur Jesus christ mil quatre cens et douze le pénultisme jour dou mois de septembre. En tesmoing de ledicte lettre avoir veuwe et oye si quedit est, nous en avons ces présentes, sur fourme de vidimus, scellées dou scel de ledicte baillie d'Avesnes, données en l'an et jour deseuredis.

Enquête sur une émeute qui eut lieu à Avesnes en 1412-1413.

(Archives des Basses-Pyrénées E. 121).

Par lesdits jurez, lesdits Nonne, le Causeur, Tonneau et autres.

Item, lesdiz Jehan Nonne et Jaquemar Tonneau furent à Laon.

Par lesdictes lettres qui sont ou beufroy, ledit Monneroet et autres plusieurs Jehan Nonne, Pietre Caudron.

Item, ilz envoièrent Jehan Monerœt à Paris, pour celui cas, par devers maistre Gile de Prices et autres, lequel Jehan leur rapporta lettres closes du dit maistre Gile de Prices, lesquelles doyvent estre ou beufroy d'Avesnes.

Par lesdits jurez, messire Guy, Philippe Boutreau, Godefroy Miache, le bailli d'Avesnes, Pierart Prévost, Le Causeur, et autres Pietre Caudron.

Item, après lesdiz conseilz prins à Laon, Cambray, Paris et ailleurs contre celle sentence ; ilz s'assemblèrent touz ou les aucuns d'iceulx touz en ce participans et autres leurs complices, en l'ostel messire Guy de Morchipont à Avesnes environ Pasques flouries l'an IIII^{c} XII, pour adviser sur ce qu'ilz avoient trouvé en conseil et autrement contre le fait d'icelle sentence, etc.

Par Piérart Prévost, le bailli d'Avesnes, Luppart, Philippe Boutreau, Le Causeur, Cuquelin et autres plusieurs.

Alart de Berlemont.

Item, ont moult parlé et murmuré à l'encontre.

Item, ont soustenu les autres rébellions, murmures et injures contre les officiers d'Avesnes et leurs ordonnances.

Item, ont soustenu et conseillé plusieurs assemblées et conseilz par manière de monopole et y ont esté avecques Floyon, Morchipont et autres.

Item, ont parlé contre les mayeur et les jurez depuis ladicte sentence, etc.

Messire Guy.

Jaquemart Cuquelin, prévost de hale, Alart de Berlemont, Jehan le Mousseur, Jehan Poullart, Willaume Casée, Jehan de Condé, Pierre Cambrelenc, Robert Buissière, Thumas Hulin.

Ledit Jehan de La Capelle est coulpable des cas dessusdiz et en est un des principaulx conducteurs ou dit conseil chiés Morchipont. Item, en oultre tout ce, il puet aucunement estre sous peçonné du cas advenu oudit befroy, car il estoit contraire, comme les autres de sa bende, aux mayeur et jurez qui lors estoient. Et est vray, quant le jeudi absolu derrain au matin, que lesdiz mayeur et jurez eurent apperçeu celui cas ou befroy ilz mandèrent tantost secrètement Pirart Prévost et Luppart Casée qui estoient bien leurs amis, qui y vindrent, et celui Jehan les vit assez aler querre et les vit entrer ou befroy ; et tanstost après que la chose fut publiée il dist que aussitost qu'il vit mander lesdiz Pirart et Luppart, qu'il sçavoit bien pourquoy c'estoit, et toutevois pour l'eure qu'ilz furent mandez on n'en sçavoit nouvelles, et pour ce sembleroit qu'il devroit dire pour quelle cause il avoit dit celle parole, car ce seroit un grant bien savoir la vérité du cas.

Jehan Nonne vit l'assamblée.

par Tumas Hulin et Jehan de le Cappelle.

Item, l'an IIII c XIIII que Jaquemar Cuquelin estoit prévost de la hale, et on avoit conceu grans haynes contre lui pour les ordennances faictes sur la draperie, ainsi que plusieurs desdiz complices qui estoient assemblez près l'église en ladicte ville et voyoient ledit Cuquelin séant devant l'hostel Luppart Casée, aucuns d'iceulx disoient : voiez là ce faulx traitre ! Jaquemar Cuquelin, qui se dit prévost de hale! c'est grant domage que on ne le tue! alons le tuer ! — dont on ne puet bonnement savoir la nomination ? ; mais ledit de la Capelle dist à Thomas Hulin, sergent lors du bancquet, que on avoit ainsi dit, et celui Hulin le dist au dit Cuquelin; — et depuis on a demandé au dit de la Capelle qui ce avoit dit, et il ne l'a voulu nommer. Si est expédient qu'il le nomme.

Le dit Nonne a confesé lesdits cas et s'en est submis.

Le dit Jehan Nonne, prisonniet, s'est entremis des cas dessus diz avecques les autres jurez et avoit esté querre conseil à Laon et en ladicte assamblée chiés Morchipont sur le fait de la sentence, et refusa à Pasques derreines d'entrer en la jurie du mayeur.

Toutevois, sur tous les autres, c'est celui seul qui s'est retroit devers le conte et s'est soubzmis à sa volenté et et lui a crié merci ; et a aussi dit en pleine hale au commun qu'il ne se vouloit plus tenir avecques eulx et que de ce qu'il y avoit esté, il se repentoit.

Ledit Pietre Cauderon a esté un des propres et grans facteurs de touz les cas dessusdiz faiz par lui et les autres jurez de son temps et a tousjours esté un des ambassadeurs de la besoigne tant à Laon, à Mons, au Quesnoy que ailleurs, et ou conseil chiés Morchipont et ès autres assemblées, et tousjours murmuré contre ladicte sentence et un de touz les plus rigueureux qui soit, et qui plus a porté par semblant hayne aux officiers.

Par le Causeur.

Item, mais en oultre tout ce, il puet aucunement estre suspeçonné du fait du beffroy, car il a dit que XV jours de paravant le jeudi absolu derrain, il avoit oy parler d'icelui cas advenu ou beffroy, et toutevois les mayeur et jurez ne sçeurent riens jusques à celui jeudi absolu matin qu'ilz entrèrent ou beffroy et trouvèrent les huys de bas bien fermez et l'escrin déformé, et enrompu ou faulsé les serreures, ne personne n'eu avoit oy parler en publique du temps de paravant; et pour ce, il devoit dire à qui il avoit oy parler de celle chose, etc.

Item, a dit que celui délit du beffroy avoit esté fait de paravant que feu Jaquemart Petit alast en Bretaigne, lequel y estoit alé et mort en chemin grant pièce paravant ledit jeudi absolu ; si est bon savoir qui l'a meu de ce dire.

Il s'est submis.
Messire Guy.
Par Willaume de Lessines, Pietre Caudron Jehan le Parmentier.

Ledit Gilart de Saint-Gile a esté pareillement moult coulpable desdiz cas.

Item, a baillié son argent pour aler prendre conseil contre ladicte sentence et pour soustenir leurs intencions.

Par Jehan de Saint-Gille, le femme Jehan de Condé.

Item, après le cas advenu ou befroy, il dist à Jehan Le Carlier, son frère qui estoit pour lors un des jurez, que c'estoit bien employé s'il avoit annuy ne domage pour celui cas, et qu'il lui avoit piéçà dit qu'il ne

Jehan et Philippe Botreau frères, Willaume Casée, Jaquemar de Condé, Colart Gaillet.

feust mie juré et qu'il savoit bien que ceulx qui le seroient, aroient domage et desplaisir et que celui son frère ne lui donnast en pièce ce qu'il y perdroit ; et est expédient de savoir de quoy puet servir tel langage.

Jehan Botreau, Jaquemart Cuquelin, Willaume Casée, Jaquemart de Roquignies, Colart Gaillet.

Ledit Alart de Berlemont, en oultre estre des grans capitaines des faiz dessusdiz, refusa pareillement à Pasques derreines d'entrer en la Jurie du Mayeur de la dicte ville, ce qu'il ne devoit mie faire ; mais lui et les autres qui refusèrent le firent par leur rébellion et mauvoise volenté, car aussi ils ne le tenoient point à mayeur.

Messire Guy, Philippe Botreau, Le Causeur, Luppart, Jaquemar de Condé, Jehan Camberlenc, Jehan Nonne, Pietre Caudron, par les officiers de monseigneur et plusieurs autres. Jehan L'orfèvre, Joffroy, Piron, Bolewy.

Ledit Jaquemar Touneau est celui qui plus scet de toutes les dictes mauvoistiez, car il estoit de touz et faisoit leurs escriptures et a esté à toutes leurs assemblées et collacions et fut à Laon, à Cambray et chiés Morchipont et partout.

Item, ce fu l'un des deux ambassadeurs qui alèrent rencontrer ledit conte vers Han en Vermendois porter lettres et dire créance de par Floyon et de par la ville, et toutevois n'avoit-il point de charge de la ville, et il saroit bien tous descouvrir, car il a esté participant en tout sur touz autres.

Par Jaquemar Cuquelin,

Item, et après le cas du beffroy advenu il a dit souvent, en cuidant donner charge à Jaquemar Cuquelin qui estoit des jurez et des officiers de la ville, que celui Cuquelin avoit devers soy les clefs du beffroy, dont il n'estoit riens ; et est tenu le mauvois des mauvois en ceste besoigne et sera expédient de bien l'examiner par toutes voies.

Messire Guy, le bailli d'Avesnes, Philippe Botreau, Pierart Prévost, Le Causeur, Willaume Casée, Colart Gaillet Jehan, le Goudalier.

Henri Flagot est un vaillant capitaine archié et s'est fort meslé des dictes entreprinses, tant à parler follement que en assemblées et en toutes mauvoistiez, et un des grans adhérens de Floyon et des autres complices de la feste.

Item, et puis nagaires lui et un bon homme du Novyon nomme Jehan Loppin se trouvèrent et chevauchèrent ensemble une pièce entre Avesnes et

Par ledit Loppin.

Novyon, et comme ledit Loppin lui commençast à se condoloir des diférans qui estoient à Avesnes, celui Flagot lui dist qu'il estoit valet-messagier du commun de la ville d'Avesnes et qu'il y avoit X ou XI de la bende du seigneur et que lui estoit de la bende du commun adhéré avec le sire de Floyon, et que se le dit seigneur d'Avesnes n'y feust venu, que la chose alast si malement à Avesnes qu'il en y eust à ceste heure de ruez jus ; et dist que le dit de Floyon donnoit à son filz sa terre qu'il tient du dit seigneur pour la desplaisance qu'il a prins de ce que la chose ne va autrement et qu'il iroit demeurer en l'éveschié de Liège à haulte peine, et que la chose estoit en si mauvois parti que pis ne fut passé a LX ans.

Par ledit Ostart.

Item, et à Oustard Sansterre, receveur du Novyon, dist-il plusieurs mauvoises paroles, que celui receveur dira bien ; et en la fin c'est un mauvais gars.

Il s'est submis.
Messire Guy, le bailli d'Avesnes, Cuquelin, Philippe Botreau, Jehan de Fenain, Piérart Prévost, Le Causeur, Colart Gaillet.

Colart Paumart, est nepveu de Sire Nicole Audenc est un droit chevetaine de touz les pires et des plus mesparlans de toute la ville et qui en toutes assemblées a toujours esté un des premiers, et Dieu scet qu'il a parlé contre seigneur, contre officiers et contre sentence.

Item, et c'est celui qui moult excite le commun à sesmouvoir et s'assembler ensemble en parlant contre le seigneur et les officiers et disant que on les deust touz mettre à mort.

Willemet Morant, Herbetin.

Item, et une foiz entre autres ainsi qu'ilz se devoient assembler ensemble par entre eulx ou marchié vers la hale à mont en ladicte ville, ce fut celui qui en la basse rue de ladicte ville où sont les tixerans et foulons et ceulx qui plus se sont échauffez de la besoigne, ala les exciter de venir à la dicte assemblée disant « alons tost là en hault, il est heure ou jamois, et là nous trouverons bien qui nous aideront ! » et y vint lui et plusieurs autres.

Par ledit Pierart Prévost, son varlet et autres assez.

Item, quand les gens d'armes de France passèrent derrenièrement par Haynau et en eut moult de logiez ès fourbours de le dicte ville, madame de Haynau y envoia le seigneur de Havrech et Pierres de Bourbon et autres ; et lors ledit de Hauvrech ordonna que on ne laissast nul du commun monter sur les murs de la ville, ne parler aux dictes gens d'armes qui estoient dehors logiez, de paour qu'ilz ne leur ne deissent aucun desplaisir qui les peust mouvoir de pis faire, et à ce commist et ordonna certaines gens et entre autres y ordenna Pirart Prévost qui est notable home et un des eschevins de la ville et du conseil du seigneur d'icelle.

Colart dou Bruille, Willaume Casée.

Item, et comme celui Pirart et autres en sa compaignie estoient à leur garde à la basse-porte d'icelle ville où y avoit plusieurs du commun et entre autres y estoit ledit Colart, qui se voulicent avancer d'approucher au mur et monter dessus contre l'ordennance dudit seigneur de Hauvrech, celui Pirart leur dist qu'ilz se traissent arrière et qu'ilz n'approuchassent point du mur ; et lors ledit Colart lui dist qu'il se taisist de par le dyable, et que s'il en parloit plus que on lui escervelast la teste ; et sur ce celui Pirart qui ne quéroit point de noise se tint tout coy et n'en fit effroy.

Par Jehan de Fenain, le bailli d'Avesnes, et les confrères de ladicte confrarie, Jaquemart Robelot, Willaume Casée, Tolart dou Bruille.

Item, et bonne pièce après, c'est à savoir à la St-Jehan derreine qu'il a une confroyerie en ladicte ville, advint que lesdiz Pirart et Colart furent au mengié à la confroyerie sis à table l'un devant l'autre, et navoit celui Pirart mémoire ne mal talent du fait dessus dit, mais ledit Colart a dit depuis à Jaquemart Robelot et autres qu'il s'asist tout dextre devant ledit Pirart pour prenre le débat à lui, et comme ilz mengoient ensemble eulx et autres, celui Colart print la tasse pour y demander du vin et lors ledit Pirart, qui ne pensoit fors bien, print le pot pour lui verser du vin, et adonc ledit Colart lui dist ainsi je prendroy ceste foiz de vous, mais ne vous adviengne jamais de me dyabloier (sic), car se vous le faites une autre foiz vous vous en repentirez. Et sur ce, celui Pirart lui demanda pourquoy il le disoit, et celui Colart lui remontent les dictes paroles qu'il lui avoit dictes à ladicte porte ; et sur ce ledit Pirart lui demanda s'il lui en souvenoit encore, et il dit respondre que oyl, et adonc celui Pirart lui dit : qu'il n'en estoit de gaires plus sage ! et que aussi il n'entendeist mie que celui Pirart l'en deust gaires crendre. Et sur ce, il print le couteau dessus la table et sans mot dire il en cuida férir celui Pirart d'estoc parmy le ventre par dessoubz la table, se ne feust un de ceulx qui séoit auprès de lui qui l'apperceut et le print souldainement par le bras. Et sur ce, celui Pirart qui est paisible homme se leva de table et s'en ala et n'en fit mie grant effroy.

Item, et certes ce maltalent avoit-il conceu contre ledit Pirart pour rancune de ce que celui Pirart est du conseil du seigneur et s'est toutdis tenu de lez les gens du seigneur et ne s'est voulu consentir aux dictes rébellions; et en somme toute celui Colart est un de touz les pires tant de parole que de fait de toute la ville.

Thumas Hulin, par les officiers, eschevins et autres.

Jehan le Cuvelier est un pareil capitaine comme ledit Colart qui, de toutes assemblées, mauvoises paroles et euvres s'est tousjours entremis.

Item, il a dit que si on le voulsist croire, il feist les eschevins d'Avesnes aussi petis varlés qu'il estoit, qui est assez meschant et povre.

Par le prévost et autres.

Item, il dist oultre, qu'il voulsist qu'il peust trayner à la queue de son cheval lesdiz eschevins au gibet, dequoy toutevois il est en loy par plainte faicte par lesdiz eschevins, mais il semble que sur loy et tout, il est expédient de pourvoir à la punicion et correccion de tieulx mauvois hardeaux et en faire exemple aux autres de se tenir de mal faire.

Il s'est submis. Par ledit d'Ostergnies et autres.

Jehan Villain, carpentier, est un grand brayeur de paroles et a parlé contre tout et esté ès assemblées ; et une fois en la place près le castel d'Avesnes où ilz estoient plusieurs ensemble, il dist à Jehan d'Austiergnies qu'il vit ilecque : que fas-tu cy ? va-t-en avec tes hédrois !

Jehan de Sémeries est aussi un autre parleur qui de tout s'est entremis et fut cil entre autres qui dist en plaine hale à Jehan d'Austiergnies quant on traictoit de la pension vendue à Jehan Nonne, dont dessus a esté parlé, « que fas-tu cy ? que ne vas-tu avec tes hédrois ! ; or, y va, ou tu le comparras » ; toutevois de ce il fut accusé par ledit Jehan, dont on lui enjoignit un voiage, quel il n'a pas fait et semble à plusieurs que c'est simple punition de tel cas, considéré ce que est à considérer.

Messire Guy, Pietre Caudron, le bailli d'Avesnes, Le Causeur, Piérart Prévot, Cuquelin, Jaquemon, Robelot, Jehan Eurart, Jehan Nonne.

Jehan Huchon est un des principaulx de la besoingne; c'est celui que on voulut faire mayeur par force, et par qui tout le débat du mayeur fut commencié ; et de toutes assemblées, collacions, paroles et ambassades contre seigneur, officiers et sentence, il a esté moult participant.

Par Aubeaux, Piérart Prevost, Luppart, Willaume de Liessies.

Item, est celui qui dist qu'il valoit mieulx que nul de la couvée, en appellant couvée les officiers du seigneur et ceulx qui se tenoient de lez lui et ceulx qui avoient esté nommez pour en eslire un à mayeur qui estoient notables gens, et lui est un couverteur de tuyle.

Jaquemon Parent, Morlet Moreau, la femme Cuquelin.

Item, touchant le cas (du) béfroy, il doit avoir dit que : quant ce cas y advint, il vit gens et clartré oudit béfroy, et on croit assez qu'il auroit esté de conseil de pourchacier un grant mal aux mayeur et jurez de lois, car il s'est fort mal animé pour ce que on le rebouta de estre mayeur.

Les viez jurez, Godefroy Miache, Jaquemart Plouvier, Willaume de Liessies.

Item, donna un gobelet d'argent au sire de Floyon.

Herbetin, Willemet Morant, le prévost d'Avesnes.

Item, fut cellui qui dist en la basse rue : alons tost là en hault, il est heure ou jamais, nous trouverons qui nous aidra, dont l'un des autres Colart Paumart fait mencion.

Par les maieur et Jurez et par les officiers.

Giles Le Joyne, est fort allié aux autres rebelles et a esté en leurs ambassades, et participant de toutes les assemblées, collacions et paroles dessusdictes.

Item, pour ce qu'il se vouloit tenir fier en sa bende et qu'il ne confessoit mie le mayeur de présent bien créé, il refusa d'entrer en la jurie de ladicte ville la sepmaine de Pasques derreines, néantmoins qu'il estoit tenu d'y obéir.

Item, dist que s'il n'eust esté, que on eust célé le cas advenu oudit befroy.

Aubeaux, Bolewy, P. Prévost, le bailli, Le Causeur, Luppart.

Jehan Parent, bouchier, est un des principaulx arrucez de la feste et a esté de cuer par tout, tant en assemblée, paroles, conseilz que autrement et un grant amy de Floyon ; aussi dist-il en pleine hale que: ce ne feust Floyon, la ville d'Avesnes eust esté perdue.

Jehan Nonne, le bailli d'Avesnes, par ledit Philippe et autres.

Item, ou temps que Philippe Botriau estoit mayeur, il dist publiquement que ledit Philippe ne s'acquitoit bien ne loyaument des affaires de la ville, tant des clefs des portes et du fait de l'église, comme des biens de l'aulmosne d'Avesnes, et que la chose ne povoit point bien aler, car il n'y avoit point de mayeur.

Item, quant il vint derreinement du Quesnoy où il fut en ambassade pour la ville avecques Guillaume de Lisses et autres, il mist plusieurs de la ville en folle créance, cuidans que leur besoingne aloit le mieulx du monde, car il leur dist qu'ilz deussent béser la terre sur laquelle celui Guillaume de Lissis marchoit, tant avoit bien besoingnié pour eulx, et a dit moult de frasques : et, en somme toute, c'est un mauvois quétron et félon.

Par Desramet, varlet, Jaquemon Cuquelin, Nicaise Plouvier, Morlet Moreau.

Item, a dit, en le sepmaine de le Trinité darraine, en montant les petis degrés, on nous accuse, mais par le sanc, se le cose va mal, tel le poura bien comparrer qui ne s'en donne garde.

Par les maieur et jurez, Le Causeur, Jaquemart Ernoul, le prévost, Pierart Prévost, Jaquemart de Robegnies, le fil.

Pirart Velut est un des autres principaulx de toute la commune et est fort allié de Floyon et Morchipont, car aussi il est prouche parent de Morchipont.

Item, à Pasques derreines quant on fit jurez nouveaulx, il en fut fait l'un et fit le serement comme les autres; et tantost après il dist au mayeur qu'il n'y seroit plus et qu'il n'avoit mie fait serement ainsi qu'il devoit ne ne se tenoit mie pour juré, ne oncques puis n'y voulut obéir ne rentrer en ladicte jurie pour chose que le mayeur et les jurez lui deissent; et tout, c'estoit pour ce qu'il estoit de la ligue de ceulx qui les tenoient mie pour mayeur ne jurez.

Par Nicaise Goisson et autres.

Item, touchant le cas du beffroy, il semble que on puet avoir plusieurs présumpcions contre lui, car premièrement quant on vit le cas advenu, les mayeur et jurez mandèrent un bon serreurier pour veoir le fait, qui dist que, sans faulte, home du mestier de serreurerie ou personne qui bien faire se y cognoissoit, avoit fait le cas. Ore, est ledit Pirart un très-bon canonyer et soubtil ouvrier de serreurerie et de tout mestier de forge et de lime.

Par Jehan le receveur, sergent et autres.

Item, il avoit esté juré l'année que ce cas y advint, et avoit aucune foiz demouré tout seul ou dit beffroy l'espace de une heure ou deux pour éduister mesures.

Item, avoit aucune foiz puis peu de temps de paravant que on sceut le cas, demeuré le derrenier ou beffroy et fermé les huys et en retenu et gardé la clef des huys d'embas avecques l'espace d'environ une heure, et ce pendant il peust assez avoir plaqué la clef en cyre, pleine terre, paste ou autre chose pour la contrefaire à loisir, car il est soubtil ouvrier, et aussi quant on entra ou beffroy, il convint avoir fausse clef de l'uys d'embas, car il fut trouvé tout fermé, et on n'y povoit entrer par autre voye sans percer mur ou couverture, ce que ne fut pas fait.

Par le prévost, le maieur, le Causeur.

Item, quant ce cas fut veu, il dist aucunes paroles en donnans charge à un sien valet qui s'en ala hors du païs et à un autre compaignon dont on sçaura les noms.

Item, il entendist que on le vouloit calenger pour celui cas par l'office de Maubege, et il se fit calenger par le sergent du bailli d'Avesnes après qu'il se fust tenu bien III jours privéement en son hostel comme celui qui se doubtoit.

Par Jaquemart Ernoul, sergent du bailli d'Avesnes.

Item, quand le sergent d'Avesnes l'admenoit en prison ou chastel d'Avesnes, il trembloit fort et muoit couleur, néantmoins qu'il ne feist point de froit.

Item, en celui temps ledit conte de Penthèvre estoit à Avesnes, et envoia aucun de ses gens à Mons pour parler à son conseil sur ce et autres choses, et quant ilz furent retournez à Avesnes ledit Pirart dist à la femme Colart Gaillet qui estoit venue veoir son mari qui y estoit calengié, qu'il se doubtoit que les dictes gens dudit conte qui estoient venuz de Mons eussent apporté dures nouvelles pour eulx ; et le dist souvent en souspirant moult poisif, tellement qu'il mist le dicte fame en grant esmoy de son mari.

Par le femme Colart Gaillet.

Par les officiers et maieur et jurez.

Item, lui estant ainsi prisonnier pour celui cas ou chastel d'Avesnes, s'en est alé II ou III fois à son hostel ou ailleurs hors sans congié.

Item, lui interrogié des bailli et prévòst d'Avesnes sur les dictes choses, les nyoit, et toutevois elles estoient vroyes; et pour aucunes considérations on le laissa aler hors dudit chastel à ses périlz, et certes plusieurs ont grant suspeçon contre lui du cas dudit beffroy, et combien que aucuns dient qu'il est de bonne extraction, a il eu de ses proymes plusieurs puniz capitalment pour leurs démérites.

Colart Rousseau, bouchier, est un des alliez et a partout aidié et soustenu tant en appert que en privé et par parole et par fait.

Jehan de Condé, Pierre Knée, le bailli d'Avesnes, Piérart Prévost.

Item, n'a pas grant temps après que les éwars eurent esté en matine en la boucherie pour visiter la char et l'estat du mestier, et n'y estoit mie celui Colart pour l'eure, mais il vint tantost après, et quant il fut venu et oy la matière, il dist que pour moins d'ochoison que ce que on faisoit ou dit lieu, on avoit fait plusieurs fois coupper des testes. Si est expédient de savoir pourquoy il le dist.

Jehan Cambrelenc, Colart Clincant, Le Causeur, Colart dou Bruille, Willaume Casée.

Jehan Lorfèvre, filz Druart, est un des autres mauvois en toutes choses, tant de paroles, assemblées que autrement.

Item, et c'est un des principaulx qui dist en plaine hale et ailleurs, quant le sire de Floyon se desplaçoit, « alons, alons, suivons nostre bon père ! ».

Il a confessé et s'est submis.

Jehan Lorfèvre, filz Jehan, est un des secrez gouverneurs de Floyon et a esté en touz conseilz, et un des notables maistres de la feste, en secret et en publique. De ce, ne se doit-on mie doubter.

Par les officiers et autres plusieurs.

Item, ce fut un des deux ambassadeurs qui allèrent devers ledit conte de Penthèvre ès portes de Han en Vermendois porter lettres du sire de Floyon et dire créance de par lui et de par la ville, combien qu'il n'eust point de charge de la ville.

Jaquemar Le Houltre, Jaquemar Le Nain, Mikiel Biourde, Jehan de Saint-Gille.

Jehan Lorois (et) son frère sont deux mauvois garçons plains de tout mauvois langage, et en tout ont esté participans sans feintise, tant en paroles que en fait.

Item, soustiennent en leur maison touz mauvois rappors et toutes mauvoises enfances(?) et y fait-on moult de mauvoises comunes, et sont de telle renommée en mal que on appelle leur maison : la capelle Saint-Estienne.

Il s'est submis.
Le sire de Floyon, Jehan d'Ostergnies, et Plouvier.

Jehan le Goudalier est de la ligue des autres partout, en assemblées, paroles, conseilz et tout, et est un grant facteur de Floyon ; et rapporta à Floyon, ainsi que celui Floyon dist, comment le mayeur d'Avesnes pour le présent lui avoit dit qu'il le mettroit en amende, pour ce qu'il avoit livré du vin au dit de Floyon ; parquoy celui de Floyon dist moult de injures audit mayeur ou chasteau d'Avesnes, ainsi que sera déclarié en la légende du dit de Floyon.

Par les maieur et jurez.

Godeffroy de Prices, nepveu Jehan Huchon, est aussi de l'alliance, en tout, en parole et fait ; et comme rebelle il refusa à Pasques derreines entrer en la jurie de la ville, à quoy il estoit tenu d'obéir.

Pietre Caudron, Jehan Nonne, Willaume Casée, Le Causeur, Philippe Boutreau.

Morlet Moreau fut sergent des vieulz mayeur et jurez dont dessus on a parlé, ès ans IIII^{c} XI et IIII^{C} XII, et scet tout leur gouvernement, et fut celui qui ala noncier au commun qu'ilz feussent d'acord avecques lesdiz mayeur et jurez au vendage de la pension vendue à Jehan Nonne, dont dessus a esté faicte mencion, et scet moult parler de touz les cas dessusdis, et semble qu'il y puet estre un bon tesmoing s'il veult déposer vérité, combien que comme leur sergent il puet avoir participé en leurs faiz.

Par Piérart et Nicaise Velut.

Item, a dit au frère Piérart Velut, demourant en l'éveschié de Liège, que Piérart Prévost estoit cellui qui avoit accusé ledit Piérart, et que ne c'estoit à son frère, il sauroit bien qu'il en feroit, tendans à fin, etc.

Piéret Loncle, parmentier, valet de messire Guy de Morchipont, est meschant comme les autres, et a parlé et fait ainsi qu'il lui sembloit que son maistre s'y acordoit.

Gille Waussart, Colart Le Jouene.

Item, et nouvellement est vray que un tel compaignon comme lui, nommé Jardin, pour aucuns langages qu'il a dit touchant ceste matière a esté condempné en certain voiage à Saint-Jacques et banni de la terre d'Avesnes jusques à ce qu'il l'ait fait ledit voiage ; et quant ledit Piéret en oïst parler, il dist : s'il eust esté ainsi banni, que avant son partement il en tueroit un ou deux. Et c'est un mauvais gars, usant son temps en ruffianerie et se tenant avecques une publique fame notoirement. Et pour ledit cas par lui parlé il est de présent en prison ou chastel d'Avesnes.

Jehan de France, valet dudit messire Guy.
Philippe Parent.
Jehan de Volereilles.
Colart du Bruille.
Baudouyn de Sémeries.
Il s'est submis. — Jaquemar Parent.
Jehan Bricou.
Rolland Tonneau, frère Jaquemar Tonneau.
Philippart Bricou.
Il s'est submis. — Groignet, le filz.
Colart Herbert.
Baudouyn Velut.
Il s'est submis. — Thumas de Prices.
Il s'est submis. — Colart Laubert.
Gobert Goisson.
Hanin Morant.
Mongerait, garde de l'hostel du sire de Floyon, qui ne deigna obéir au guet du mayeur, et par cause duquel Philippe Botreau, lors mayeur, fut moult lédengé du sire de Floyon ainsi que on déclarera ou procès dudit Floyon.
Il s'est submis. Guillaume Laubert.
Colin le braconier.

Sont touz de l'allience et ont esté ès assemblées et ès collacions et ès paroles et murmures contre le seigneur, les officiers et la sentence, et puet estre que les uns ont plus fait que les autres, mais chascun en a trop fait et dit et pis voulu s'ilz eussent peu exécuter leur volenté.

Item, il y a en ladicte ville un grant nombre de meschans tixerans et foulons dont les noms ensuivent cy après, qui se sont moult manifestement boutez en ceste kyriée, et ont esté en toutes assemblées les plus prestz, et ont cessé d'ouvrer l'espace de III jours, pour despit et contempt des officiers et de leurs ordennances, sans s'en deigner oncques complaindre, fors audit sire de Floyon.

Tixerans.	Tixerans.
Pierre Godeville.	Jehan Godeville.
Brassin.	Leurin Pasque.
Hierenc.	Willaume Willot.
Le Cat.	Le valet Robert Buissière.
Guillaume de Courouble.	Jaquemart De Del.
Estevenon Habbot.	Jehan De Del.
Baudouyn Mousson.	Pierre Bouissière.
Jehan le Coutelier.	Les deux enfans Boncuer.
Mathieu Baudouyn.	Pierre Pasque.
Le page.	Pierre Carboniau.
Jaquemart Pauquier.	Jehan de La Haye, son valet.
Leurin de Polies.	
Jacquemart Godeville.	

Foulons.	Foulons.
Hierbetin.	Mouzet.
Son filz.	Son valet.
Colart de Courouble, se mainé.	Jehan de Sabieuls.
Henry le Forestier, son valet.	Jehan Bourgiaul.
Colart Houde.	Guillain.
Lorens le Forestier, son valet.	Jehan Lion.
Pierre Binnart.	Jehan Gérome.
	Son valet.
	Jehan Baligant.

Messire Guy, Le Causeur, par les officiers et autres pluiseurs.

Godefroy Miache a certes soustenu fort ceste erreur, et dès oncques a esté volentiers contraire aux faiz des seigneurs d'Avesnes et de leurs officiers, et a par sa clergie moult allégué que la chartre du mayeur a esté mal entendue et que la sentence n'a mie esté deument donnée.

Jehan Nonne, Pietre Caudron, Bolewy, Pierart Prévost, Willaume Casée.

Item, et fut de conseil d'envoier querre conseil sur ce, et fut à la congrégacion qui fut faicte chiés Morchipont pour adviser sur le conseil que on avoit quis contre ladicte sentence, et par tout a esté de lez Floyon et Morchipont et un de leurs grans conseillers.

Item, et certes pour ce qu'il est vieulz et contrefait le preudome et est un peu clerc de la vielle loy, plusieurs simples lui adoustent foy, et a esté cause de la plus grant partie de l'erreur du peuple en ceste matière. Aussi l'escripture dit : *quod senioribus egressa est iniquitas*, ainsi que appert en l'istoire de Susanne.

Par les officiers et autres. Messire Guy, Jehan Nonne, Pietre Caudron.

Guillaume Miache, Andry Miache, filz dudit Godefroy, ont fort poursuy l'intencion de leur dit père et ont à leur povoir soustenu toute ladicte rébellion tant en conseil, paroles que fait.

Jehan Lorfèvre, fil Jehan.

Item, et en ont esté et par espécial par ledit Guillaume fut advisé les lettres et créances qui furent envoiées au devant dudit conte à Han en Vermendois, et toutevois qu'il vennoit à Avesnes, se tiroit tousjours en conseil avecques Floyon, Morchipont et les autres leurs adhérez et a esté en leurs ambassades, et leur a donné confort en tout ce qu'il a peu et osé.

Messire Guy. Par tous les officiers, Piérart Prévost, Causeur Jaquemart de Condé, Bolewy, Cambrelenc et plusieurs autres, Jehan Nonne.

Guillaume de Liessies parle beau souvent, mais il a moult conseillé et soustenu les choses dessusdictes et par espécial l'erreur de la chartre et de la sentence, et dit souvent que tout a esté mal entendu et mal consellié, et que la ville est despoillée de son privilège, à tort et sans cause.

Par lesdits maieur et jurez.

Item, a dit aux mayeur et jurez qu'il seroit bon qu'ilz pourveissent tellement que la chartre feust remise en l'estat que elle estoit de paravant.

Par Pierre de Bolewy, le bailli d'Avesnes.

Item, a requis que on baille un mainbour à la ville puisque elle est privée de mayeur et que le mayeur que elle souloit avoir est à présent au seigneur.

Par ledit confesseur et autres.

Item, a quis moyens par le confesseur dudit conte

et autres de faire muer la sentence faicte sur le fait dudit mayeur.

Par les maieur et jurez, Jaquemar de Condé.

Item, à Pasques derreines quant il fut mandé d'aler au beffroy à l'élection des jurez, il respondist qu'il n'y entreroit jà et qu'il ne tenoit mie qu'il y eust mayeur.

Jehan Nonne, Pietre Caudron, Le Causeur, Piérart Prévost, Willaume Casée.

Item, a esté en ambassade à Mons, au Quesnoy et ailleurs pour les dessusdis d'Avesnes et s'est moult entremis de ceste matière et esté en conseilz secrez en son hostel et ailleurs.

Pietre Caudron.

Item, pour difamer les officiers de la ville ou pour autre mauvoise volenté, il doit avoir parlé que Jaquemar Petit devoit avoir porté en Bretaigne audit conte une lettres que la ville a d'un de ses prédécesseurs de C. livres d'aulmosne chascun an, et toutevois elle a esté trouvée ou beffroy.

Par Cuquelin et autres.

Item, touchant le cas dudit beffroy, il doit avoir dit qu'il aroit oy dire que celui cas estoit fait par avant que ledit Jaquemar Petit alast en Bretaigne, lequel y estoit alé et mort en chemin grant temps avant que on sceust nouvelles d'icelui cas.

Pierre de Bolewy.

Item, a dit que il avoit à Avesnes XL personnes qui sçavoient où estoit la tasse d'argent qui avoit esté prinse et emportée dudit beffroy.

Jaquemar Plouvyer est souspeçonné fort d'avoir esté consentant de toutes les choses dessusdictes et les avoir conseillées, mais on n'en puet bonnement avoir cognoissance, si en faisant l'information il estoit descouvert d'aucuns des autres qui seront trouvez coulpables, car il est sage et soubtil et se scet soubtilement contenir, mais il est fort acointé de Floyon et des grans cadez des autres, et conversoient souvent ensemble.

Jehan d'Avenelles, Jehan de Fenein, Jehan Cambrelenc, Le Causeur, Piètre Caudron, Ja. de Condé, Gille Waussart, Ja. Moreau, Alart Herbert, Jehan Nonne, W. de Liessies, Jehan de le Cappelle.

Le sire de Floyon a esté cause de toutes les rébellions et entreprinses faictes à Avesnes puis III ou IIII ans derrains et tout ce il procura et soustint pour despit et rancœur de ce qu'il (fut) mis hors du gouvernement de ladicte terre, laquelle Dieu scet comment il a gouvernée durant le temps de XIIII ans qu'il en a esté gouverneur.

Par les jurez dessus dis, Luppart Maufrignon et les autres prochains tesmoins.

Item, et pour démonstrer qu'il ne s'en puet excuser, voir est qu'il commença et soustint le débat de la maletoute, alencontre du seigneur et de ses officiers et ala de sa personne souvent au Quesnoy, à Mons et ailleurs avecques les gens de la ville pour celui débat, et les soustint, conforta et conseilla à tout son povoir, non obstant qu'il estoit home du seigneur et que ce débat ne lui touchoit en riens, fors user de mauvoise volenté.

Item, et pareillement soustint-il le débat du mayeur alencontre du seigneur, et ala et vint à ceulx qui conduisoient le débat et leur donnoit confort, conseil et aide à tout povoir, et prinst en grant desplaisir la sentence qui en fut donnée.

Item, et puet estre qu'il estoit malicieusement meu pour soustenir le dit débat du mayeur, car, en oultre la male volenté qu'il avoit, il eut de Jehan Huchon un gobelet d'argent pour le soustenir afin qu'il feust mayeur.

Item, et a esté de conseil et soustennance de quérir conseil encontre celle sentence, et d'envoier pour ce à Cambray, à Laon, à Paris et ailleurs, et en a tenu lui et autres manière conseil, pour adviser comment on la peust annuller.

Item, et en a parlé plusieurs foiz, Dieu scet comment, et dit que elle avoit esté mal donnée et que la chartre avoit esté mal entendue et qu'il y avoit eu corruption et mauvoistiez plusieurs.

Item, et a dit que elle ne valoit riens et que elle ne portoit aucun effect ne préjudice à la ville et que on en povoit bien ressortir à l'Empereur.

Messire Alain de La Motte, Aubeaux, Bolewy, Yvon le Causeur, les maieur et jurez de présent. Le seigneur du... Binch, Bolewy, Yvon et Joffroy.

Item, a dit en pleine hale et ailleurs que elle fut donnée par fauls et mauvois conseil et par faulses cauteles.

Item, et de tieulx langages il a souvent parlé au dit conte de Penthèvre, et à plusieurs de ses gens, et en conseil et en appert ; et Jehan de Bins puet bien recoler ce qu'il en dit une fois au conseil dudit conte où chastel d'Avesnes, ouquel estoit celui Jehan de Bins.

Item, et autrefois comme il en parloit à aucunes des gens dudit conte et disoit que quant elle fut prononcée qu'il n'y avoit procureur ne autre fondé pour la ville ne pour le seigneur, et que aucunes d'icelles gens lui distrent qu'ilz avoient oy dire à Jehan de Bins, qui est du conseil de monseigneur de Haynnau, comment il y avoit plusieurs de la ville qui à ce estoient commis et aussi y avoit plusieurs pour ledit conte, et que celle sentence avoit esté moult longuement et meurement conseillée, celui Floyon dist que ce n'estoit mie le premier mal que ledit Jehan de Bins avoit fait ou païs de Haynau, et qu'il y avoit fait de beaucoup pis.

Item, et certes en moult de diverses manières il a parlé contre ladicte sentence en plusieurs lieux et en présence de plusieurs espon (?) que touz ceulx de la ville et du pais le scevent.

Item, et contre le seigneur d'Avesnes et ses officiers il a parlé moult sénestrement et dit que ledit seigneur n'avoit nuls bons officiers ne raisonnables, et que sa ville et sa terre estoient mal gouvernées en touz estas.

Item, et si l'a rescript et mandé par créance audit seigneur avant qu'il venist en Avesnes, et depuis sa venue, il l'a pareillement dit à lui et à ses gens et à plusieurs autres.

Item, et quant le seigneur l'a souvent mandé devers lui et requis qu'il lui deist ces mauvois gouvernemens, il n'a voulu riens dire, fors servir de lobes ? et paroles frustratoires.

Par les maieur et jurez de présent.

Item, et si a moult lédengié de paroles bailli, prévost, mayeur, jurez et touz autres officiers de la dicte ville d'Avesnes.

Plouvier, Jehan de Condé, Jehan Poullart, Thumas Hulin.

Item, et pour ce déclairer particulièrement, il est vray que après le dicte sentence, Jaquemar Cuquelin, un bourgois notable d'icelle, fut ordenné mayeur d'icelle ville, et en celle année, pour doubte des guerres de France, on ordenna de faire guet la nuyt en celle ville.

Item, et comme il advint à un qui demeuroit en l'ostel dudit Floyon en celle ville, nommé Jehan François, de faire ledit guet à son tour on lui fit commandement de faire le guet.

Item, et tantost après ainsi que le dit mayeur passoit par la rue pardevant l'ostel Jaquemar Plouvyer où estoit ledit de Floyon, celui de Floyon lui dist: « Bien ça ! mayreau ! pourquoy me veuls tu asservir ?, tu me veuls bien asservir toy et ta compaingnie, quart tu veuls asservir ceulx qui demeurent en ma maison de faire guet en ceste ville, fy de toy !, es-tu mayeu ?, tu es un estront !!! je ne te tiens pas maire, tu pouroies tant faire que tu aroyes un rouge hunet » !

Jaquemar Hubrelant, varlet Philippe Marque, Mesquins, Philippe Jonart, Le Carlier et se femme, Ja. Le Houltre et se femme, Le Barbieur et se femme, Jehan Fourniau, le jone, le bailli d'Avesnes, Plouvier, Willaume Casée, Jehan le Receveur, Jehan de Fenein.

Item, et pareillement en l'an ensuivant IIII C XIIII, fut Phelipe Botreau fait mayeur de la dicte ville, et y eut fait des jurez avecques, et Dieu scet le lédanges qu'il leur disoit, et qu'ilz n'estoient mie bien créez, ne ne les tenoit mie à mayeur ne jurez.

Item, en celui temps, passèrent par Haynau plusieurs gens d'armes de France dont la plus grant partie passa par la terre d'Avesnes, et furent logiez ès fourbours d'icelle, et y furent les gens de la ville moult travailliez pour veiller et se gueter de jour et de nuyt.

Item, et comme ledit Philippe, qui avoit veillié toute nuyt, se feust mis en son hostel tout armé sur un banc pour un peu reposer, ledit de Floyon, acompaignié de plusieurs du commun de ladicte ville, vint devant l'ostel dudit Philipe et dist : où est ce faulx traître qui se dist mayeur de ceste ville, et VII ou VIII autres traîtres qui gouvernent la ville avecques lui, qui m'ont bouté hors de mon office ?, c'est grant domage que on ne les boute touz en un cep devant la hale ; et se je avoie le gouvernement que j'ay eu autrefois, je y feroit mettre, et peu d'achoison les me feroit y mettre !

Thumas Hulin, Piérart Cambrelenc, Herbetin, Colart Casée, Robert Buissière, Colart de Courouble.

Item, en celui temps pour obvier à aucunes fraudes que on faisoit ou fait de la drapperie de la dicte ville y furent faictes certaines ordennances, le dit de Floyon, estant lors ou païs du Liège, et tant qu'il fu hors du païs de Haynau les gens de ladicte drapperie n'en firent oncques effroy, car aussi n'avoient mie cause car les ordennances estoient raisonables et faictes par bonne délibéracion.

Item, mais sitost que ledit de Floyon fut retourné à

Avesnes et qu'il oyt parler de celles ordennances, il manda les tixerans, foulons et ceulx qui se meslent d'icelui mestier, et les induysit à se rebeller contre ces ordennances, et les mist en telle obstinacion, qu'ilz cessèrent de despit et désobéissance par le temps de III jours sans daignier ouvrer ; et estoient souvent en conseil et grans assemblées avecques ledit de Floyon.

Item, et comme aucuns d'iceulx distrent qu'ilz peussent estre rapportez au ban et mis en amande par les officiers pour défault d'ouvrer, celui de Floyon leur dist n'ayez ja paour, pour le sang que Dieu roya, ilz ne seroient si osez de vous en blasmer et s'ilz le faisoient, ilz ne firent oncques pire journée.

Item, et Dieu scet que de injures il disoit et souffroit dire aux prévost de la hale, aux VII homes de la draperie et aux autres officiers, en mettant le peuple en erreur et commocion, tellement que en telles assemblées et ailleurs ilz parloient et conspiroient très mauvoises chose, souvens de mettre lesdiz officiers à mort, etc.

Willaume Casée.

Item, et est vray que il y a en celle ville une ancienne chapelle fondée d'un bourgois d'icelle ville, jadis nommée la chapelle saint Guillaume d'Avesnes, de laquelle le gouvernement appartient à la ville, et en laquelle avoit et a un grant calice d'argent poisant III marcs ou mieulx qui est de vieille et mauvoise faiçon, et pour ce les mayeur et jurez, à délibération deue, advisèrent de le despecier et en faire faire deux calices de bonne faiçon, ou autrement le profiter ou profit de la chappelle.

Item, et ledit de Floyon, comme il oïst celle chose, comme celui qui tout vouloit maistroyer, dist à aucuns des jurez, en jurant grant serement que s'il avoit home si hardi qui y meist la main, qu'il lui feist rompre la teste comme à un chien, et tellement les espoventa, qu'ilz ne s'en osèrent pour l'eure plus mesler.

Willaume Casée, Jaquemart de Condé.

Item, quant vint au mardi de Pasques l'an présent IIII^{c} XV que l'année du dit Philippe estoit achevée, et que on créoit nouveau mayeur, ainsi qu'ilz ont aucune foiz de coustume de donner à mangier aux notables, ils envoièrent prier ledit de Floyon qu'il le pleust le lendemain dîner avecques les mayeur, vieil et nouvel, et il respondist qu'il n'y entreroit jà, car il ne tenoit mie qu'il y eust mayeur bien ordonné, mais quant il véroit mayeur fait ainsi que on avoit acoustume il iroit bien, mais ceulx de présent il ne tenoit mie pour mayeurs.

Messire Alain, Bolewy, Piron, Joffroy.

Item, et après le délict advenu ou beffroi d'Avesnes, quel fut apperceu le jeudi absolu derrain et duquel on puet estre souvenant, et après que un chevaucheur dudit conte de Penthèvre fut arrivé à Avesnes, le jeudi après Pasques pour signifier que le conte y venoit et qu'il y seroit dedans III ou IIII jours, ledit de Floyon envoia II messagers de ladicte ville, savoir est Jehan Lorfèvre et Jaquemart Tonneau, porter lettres closes et créances de par lui audit conte; lesquelx partirent d'Avesnes le vendredi après Pasques, et le samedi ensuivant ils trouvèrent ledit conte en chemin près Han en Vermendois et lui baillèrent lettres de créance dudit de Floyon et aucuns de ses gens et aussi lui distrent créance de par lui et de par la ville touchant le cas dudit beffroy, le gouvernement de la ville, et qu'il estoit bien expédient audit conte de venir en sa dicte ville et à sa terre et d'y pourvoir en tout, avant que autres y meissent les mains, et qu'il ne laissast mie la cognoissance qui lui appartenoit à autres; et quant il seroit venu, qu'il vouldroit ouïr les gens de la ville parler, aussi bien les petis comme les grans et il ouïroit moult de choses; et distrent qu'ilz avoient charge d'aler devers lui en Bretaigne et aussi devers madame sa mère. Et toutevois, avant partir d'Avesnes avoient-ilz veu son chevaucheur et sceu qu'il estoit en chemin bien près. Et certes tout ce se faisoit pour cuidier mouvoir ledit conte à indignacion contre les officiers de la ville, et en droit fait ces messagers n'y furent oncques envoiez de par la ville, fors dudit de Floyon seulement et par conseil d'aucuns de sa secte.

Item, et après que ledit conte fut venu à Avesnes,

ledit seigneur de Floyon, acompaingnié de bien XL ou LX du commun de ladicte ville, vint devers ledit conte ou chastel d'Avesnes ; celui commun lui fit lors exposer le conseil qu'ilz disoient avoir trouvé sur le dit cas advenu ou beffroy, en requérans oudit conte de sur ce faire aucun pourchez par devers monseigneur de Haynau ou son bailli. Et sur ce, celui conte se tira à part pour s'en conseiller à ses gens et appella ledit Floyon, qui est son home, pour venir à son conseil ; mais il n'y voulut oncques venir, ains dist plainement qu'il n'y entreroit jà, et se tint avecques ledit commun, ainsi que toudis le fait, car aussi l'a-il mis en tel erreur.

Jehan Boutreau, Ja. de Rokegnies, Jehan le Carlier, Colart Gaillet, Willaume Casée, maieur et jurez, Jaquemin le Toillier, demorant à Sore, messire Guy de Morchipont, Jehan Lorfèvre et *Jehan Lorfèvre*, Jehan le Goudalier, Jehan de France, Plouvier, Henry Flagot.

Item, et tantost à un autre jour après ledit de Floyon revint audit chastel d'Avesnes, et viendrent en sa compaignie plusieurs des gens de ladicte ville bien XXX ou XL, et ilecques trouva en la court Jehan Botreau à présent mayeur de ladicte ville et aucuns des jurez qui estoient calengiez et en arrest ou dit chastel pour le fait du dit beffroy ; et lors lui dist ledit Floyon : « bien çà, bien, Botreau, où sont tes « *mainfiés* ?, toi et tes *mainfiés* ? avez menacié de « rapporter Jehan le Goudalier à ban pour m'avoir « livré du vin », et jura grant serement qu'il n'en paieroit jà amende, et dist oultre en jurant vous estes touz une mauvoise larronaille ! c'est grant domage que vos mauvoistiez ne sont sceues, et elles seront une foiz toutes sceues ; et jura oultre grant serement, disant qu'ilz le compairoient trestouz. Et en droit fait il avoit grant tort de parler dudit Goudalier, car il est vray que celui Goudalier avoit vendu une pièce de vin sans congié et sans afforement, et est vray que ledit mayeur lui avoit donné congié d'en bailler audit de Floyon pour un dîner qu'il bailla audit conte, mais il lui avoit défendu qu'il en vendesist autrement, sans congié et sans afforement ; et il fit tout le contraire.

Pierre de Bolewy, Colet, Le Causeur, Jehan d'Ostergnies, Joffroy.

Item, et incontinent après qu'il eut ainsi parlé audit mayeur, il entra à toute celle tourbe en la sale du dit chastel d'Avesnes, en laquelle estoit ledit conte joyant aux eschiecs, et celui Floyon sans dire salu, ne caperon oster, passa oultre et s'assit sur une table, et y vit le dit mayeur entré, près l'uys de la sale, parlant audit Goudalier, et de rechief il dist au dit mayeur qu'il ne paieroit jà amende et que les mauvoistiez du dit mayeur et des autres officiers seroient sceues.

Item, et ilecques estoit Jehan d'Austergnies qui dist qu'il voulsist avoir paié C. escus que toutes les mauvoistez qui couroient par icelle ville feussent sceues, et ledit de Floyon lui dist moult félonement : alez, se vous estes à eulx sy vous y tenez.

Item, et Pierre de Bolloy, l'un des conseillers dudit conte, lui dist qu'il ne faisoit pas son devoir d'ainsi parler et qu'il avoit tort d'avoir ainsi parlé audit mayeur, et que celui mayeur s'en excusoit grandement, et lors, il répondist moult hault, que celui mayeur mentoit mauvoisement parmy sa gorge.

Item, et y estoit Guillaume Colet, l'un des conseilliers dudit conseilliers (sic) qui dist aussi que ce feust grant bien que on peust savoir la vérité de celles choses ; et il dist audit Colet, que on avoit fait assez de maulx et qu'il n'en avoit pas esté loign (?) et qu'il en avoit fait sa part ; et comme celui Colet se commença à excuser, celui Floyon lui dist moult iréement : tay-toy, tu es un mauvois hardeau ! tu as bien aidié de me bouter hors de mon office. Par Dieu ! tu le comparras, et dist moult de haultes paroles donnans charge aux officiers dudit conte, et tout en sa présence, sans signe de révérence lui faire ne dire.

Item, et comme ledit conte eust laissié le jeu et feust levé et se feust aucunement meu pour vouloir parler audit de Floyon, aucuns de ses gens l'excitèrent de se retraire en sa chambre pour doubte de plus grant inconvénient ; et comme le dit de Floyon le vit entrer en sa chambre, il dist : il va à conseil, et nous irons d'autre part, et tantost celui de Floyon issit hors dudit chastel, et celle tourbe de gens se suyvant.

Item, et au vespre, ledit conte envoia devers lui pour lui signifier qu'il vensist le lendemain devers ledit conte, tout pourvéu de lui remonstrer les défaultz qu'il sçavoit en ses officiers et ou gouvernement de sa ville, dont il lui rescript et souvent parlé en sa présence et en son absence.

Le Seigneur du Priet, Messire Alain, le seigneur Du bois, Bolewy, Yvon.

Item, et le lendemain matin, il vint devers ledit conte au chasteau d'Avesnes ; et quant celui conte li eut fait exposer le cas pourquoy il l'avoit mandé et l'eut requis qu'il lui déclarast le mauvais gouvernement de ses officiers et de sa ville dont il avoit souvent parlé, celui de Floyon y fit un grant sermon, et remonstra plusieurs services qu'il disoit avoir faiz au père dudit conte et à lui, par quoy monseigneur de Haynnau avoit conceu contre lui grant courrous et indignacion, tellement qu'il en avoit esté en très-grant dangier de sa personne et de ses biens, et aussi plusieurs autres dont il nomma aucuns comme messire Robert de Glennes, Girard de Ville et autres avoient conceu grant hayne contre lui pour cause des services du dit conte et de son père ; et dist assez qu'il avoit mal gouvernement en plusieurs manières en sa ville et plusieurs mengeries sur les povres gens, mais il n'en voulut riens déclarer ; et si bailla un petit brévet par manière de memorat au dit conte, et lui dist qu'il y estudieroit et manderoit son peuple et il ouïroit tout, et que pour l'eure il ne lui diroit autre chose. Et celui brévet ne déclare chose qui vaille, ainsi que on le pourra veoir s'il est besoing.

Mesi Arselain, Aubeaux, le bailli d'Avesnes, le Receveur, Bolewy, Le Causeur, maieur et jurez et IIc autres.

Item, il ne puet céler qu'il n'ait séduict et perverti le commun de ladicte ville, car en pleine hale où le commun estoit nagaires assemblé pour devoir faire response aux gens dudit conte sur les remonstrances que ledit conte leur avoit requis de faire touchant le mal gouvernement de ses officiers et de sa dicte ville, dont ledit de Floyon et plusieurs d'icelle ville avoient souvent parlé, et que celui commun se taisoit sans mot dire, ledit de Floyon, qui présent estoit leur dit : « que ne parlez vous, parlez! », et lors ils commencèrent à parler. Et adonc dist ledit de Floyon que ce peuple ne parleroit mot s'il n'y estoit, et adonc il parla bien à son ayse de ladicte sentence, car il dist publiquement que elle estoit faicte par la malice et par faulx et mauvois advis et qu'il sçavoit bien comment.

Item, le conseil de monseigneur le conte de Haynau scet assez comment au Quesnoy, à Mons et ailleurs, il dist plusieurs diffames et villanies des conseillers et officiers du dit conte, comme de maistre Elard des Ambeaux, de qui il dist que depuis qu'il s'estoit meslé de la terre d'Avesnes, il n'y estoit venu aucun bien ; et de Girard de Ville, il dist qu'il avoit fait emprisoner une fame grosse, si durement, que elle en avoit perdu son enfant, et qu'il avoit fait meutrir gens, et moult d'autres injures dist-il lors et autrefoiz des officiers et serviteurs du dit conte et de ceulx qui bien leur vouloient, et leur a fait et donné plusieurs menaces.

Il s'est submis et s'est confessé.

Messire Guy de Morchipont a pareillement moult souvent parlé contre ladicte sentence, et a dit que elle a esté mal donnée et mal sentie.

Item, a soustenu envoier à Paris, à Laon, à Cambray et ailleurs quérir conseil pour défaire et annuller ladicte sentence.

Item, a tenu conseil et fait congrégacion en son hostel en ladicte ville, avecques plusieurs de ladicte ville sur le rapport des conseilx et advis prins aux lieux dessus diz encontre ladicte sentence, afin de adviser par quelle manière on peust procéder à l'annullacion de ladicte sentence.

Item, a dit souvent qu'il estoit prest à mettre sa teste en gage de mil écus et d'autres grans sommes de chevance, que ladicte sentence, monstrée devant clercs et sages, seroit trouvée mal jugée et mal entendue.

Item, par telles manières de paroles et autrement il séduict le simple commun de ladicte ville à se rebeller contre l'effect de ladicte sentence et l'élection du mayeur que on fait selon la teneur de ladicte sentence, et à désobéir aux mayeur et jurez et dire qu'ilz ne les tenoient mie pour mayeur ne jurez.

Item, a soustenu plusieurs assemblées en celle ville et murmures à l'encontre du seigneur et de ses officiers.

Item, en toute ceste rébellion a esté participant en conseillant avecques le seigneur de Floyon qui de tout a esté cause.

Item, et certes combien qu'il s'est excusé devant monseigneur le bailli de Haynau de avoir parlé de ressortir à l'Empereur, on dit qu'il en a aucunement parlé.

Archives des Basses-Pyrénées. Série E. N° 121. Rouleau en papier.

Hommage fait au duc de Bourgogne par Guillaume de Bretagne, pour la terre et pairie d'Avesnes. (22 février 1453-1454 n. st.)

(Archives des Basses-Pyrénées. E. 120).

Nous Jehan Noune (?), Gile Rasse, Guillamme Lescouffle, Guillamme Chevalier, Jehan Martin et Jehan Joveniaul, hommez de fief à très hault et très puissant prince notre très redoubtet signeur le duc de Bourgoingne et de Braibant, comte de Haynnau, de Hollande etc. : Savoir faisons à tous que le vint-deuxysme jour du mois de février l'an mil quattre cens et chincquante troix, nous furent monstréez, tenismes et lisimes deux lettrez faites et escriptes en parcemin, saines et entires d'escripture et de seyaux, la première séellée en vremeille chire et double keuwe du grant séel de no dit très-redoubtet signeur le duc de Bourgoingne, en datte le trezeysme jour de janvier l'an de grasce mil quattre cens et chincquante deux, et contenent la fourme et teneur qui s'enssiult : Phelippe par la grâce de Dieu, duc de Bourgoingne, de Lothier, de Braibant et de Lembourg, comte de Flandres, d'Artois, de Bourgoingne, Palatin de Haynnau, de Hollande, de Zellande et de Namur, marquis du Saint-Empire, seigneur de Frise, de Salins et de Malines, à tous ceux qui ces présentez lettrez verront, salut. Savoir faisons que nous avons fait, commis et establi et par la teneur de ces présentez, faisons, commettons et establissons Hermand de Ghinez, escuyer, nostre bailli de Haynnau, pour recevoir en la féaulté et hommaige de nous comte, de Haynnau, nostre très chier et bien amé cousin Guillamme de Bretaigne à cause de sa terre d'Avesnez, tenue en pairie (?) de nous et de nostre court de Mons, à lui nouvellement escheue par le trespas de feu Jehan de Bretaigne, son frère, aussi nostre cousin, cuy Dieux pardoint. Auquel Hermand, nostre dit bailly, nous avons donné et donnons plain povoir, auctorité et mandement espécial, de tant seulement, nostre dit cousin Guillamme de Bretaigne, comme seigneur d'Avesnez, recevoir en nostre féaulté et hommaige selon la coustume de nostredit pays de Haynnau, et de toutes les appertenances et appendances d'icelle, sans riens réserver, en prenant de lui les sarmens en ce cas appartenans. Et tout ce que en ce cas par ledit Hermand, nostre dit bailli, sera fait, nous prommetons et avons enconvent de le avoir et tenir pour agréable, ferme et estable. En tesmoing de ce que nous avons fait mettre nostre séel à ces présentes. Donné en nostre ville de Lille le trezeysme jour du mois de janvier l'an de grasce mil quattre cens cincquante et deux. Et se estoit escript sour le ploit de ladicte lettre : Par monseigneur le duc, et signet du signe, A. De le porte. Et la deuxysme lettre qui estoit séelée en verde chire des seyaux, Colart Casée et Hanin Duponchiaul, comme hommez de fief de nodit très-redoubtet signeur le duc, en datte le dixwitysme jour du mois de février, l'an mil quattre cens et chincquante deux, contenoient ossi la teneur qui s'enssuit : Nous Jehan Chevalier, Colart Cassée et Hanin Duponchiaul, faisons savoir à tous que pardevant nous, qui pour ce espécialement y fumez appellez comme hommez de fief à très-hault et très-puissant prince no très chier et retoubtet signeur monsigneur le duc de Bourgoingne et de Braibant, comte de Haynnau et de Hollande, se comparurent personellement le dixwitysme jour du mois de février l'an mil quattre cens et chincquante deux, très-hault et très-puissant monseigneur Guillamme de Bretaigne, comte de Penthièvre et de Piéregort, vicomte de Limoigez et signeur de l'Aigle d'une part, et Hermand de Ghines, escuyer, d'autre part. Et là endroit ledit Hermand remonstra que pour l'amour et plaisir que nostre dit très-redoubtet signeur et prince monseigneur le duc avoit vollu faire et faisoit audit monseigneur le comte de Penthèvre et en ce cas l'espargnier de paine et de frait, il, nostre dit très-redoutet signeur, monsigneur le duc avoit commis, constituet et estaubly ycelui Hermand à y estre bailli de sondit pays et comté de Haynnau pour recevoir ledit monsigneur le comte de Penthièvre ou relief, foyalté et homage qu'il volloit faire de toute la ville, terres, justices et seignouries d'Avesnez et de toutes les possessions, revenues, appertenances et appendances d'icelles, si avant que elles sont et doivent y estre tenues en fief liège et de parie en foyalté et homaige de ladite comté de Haynnau et de la court de Mons, comme icelui fief à lui ledit monsigneur le comte venu escheu de le succession et par le trespas de feu de noble et bonne mémore monsigneur Jehan de Bretaigne, son frère, à son tamps comte desdis Pentèvre et de Piéregort, vicomte de Limoges et signeur dudit Avesnez, cui Dieux absoille, et lequel trespas avint ou mois de Novembre l'an de grasce mil quattre cens et chincquante deux. Et icelle remonstrance ensi faite, ledit Hermand en no dite présence comme hommez de fief si que dit est, monstra et fist lire en audience unes lettrez patentes en parcemin, saines et entires séellées en chire vremeille du séel de nostre dit très-redoutet signeur monsigneur le duc, qui contenoient de mot après aultre ce qui s'enssuit : Phelippe, par la grâce de Dieu, duc de Bourgoingne, de Lothier, de Braibant et de Lembourg comte de Flandres, d'Artois, de Bourgoingne, Palatin, de Haynnau, de Hollande, de Zellande et de Namur, marquis du Saint empire, signeur de Frise, de Salins et de Malines, à tous ceux qui ces présentez lettrez verront, salut. Savoir faisons que nous avons fait, commis et establi et par la teneur de ces présentez faisons, commetons et establissons Hermand de Ghines, escuyer, nostre bailli de Haynnau, pour recevoir en la féaulté et hommaige de nous comte de Haynnau nostre très chier et bien amé cousin Guillaume de Bretaigne à cause de sa terre d'Avesnez tenue en parie de nous et de nostre court de Mons, à lui nouvellement escheue par le trespas de feu Jehan de Bretaigne, son frère, aussi nostre cousin, cui dieux pardoinst. Auquel Hermand, nostredit bailli, nous avons donné et donnons plain povoir, auctorité et mandement espécial de tant seulement nostre dit cousin Guillamme de Bretaigne, comme seigneur d'Avesnez, recevoir en nostre féalté et hommage selon la coustume de nostre dit pays de Haynnau et de toutes les appertenances et appendances d'icelle, sans rien réserver, en prenant de lui les sermens en ce cas appertenans. Et tout ce que en ce cas par ledit Hermand nostre dit bailli sera fait, nous prommetons et avons enconvent de le avoir et tenir pour agréable, ferme et estable. En tiesmoing de ce, nous avons fait mettre nostre séel à ces présentez. Donné en nostre ville de Lille, le trézeÿsme jour de janvier l'an de grasce mil quattre cens cincquante et deux, et ensi signées sour le ploit, par monsigneur le duc. A. De la porte. Après lesquelles remonstrances et lettrez ainsi veues et lieutes, ledit monsigneur Guillamme, comte de Penthèvre en la présence de nous lesdits hommez de fief, et à ce de rechief par espécial appelé, si comme dit est, releva audit Hermand de Ghinez comme baillieu ou nom de nodit très redoutet seigneur monseigneur le duc de sa dicte comté de Haynnau, toutes les villes, fortrèces, castiaux maisons, justices seignouries, homaiges, bois, terres, yauwes, près, pasturaigez, huisinez, possessions et revenues dudit Avesnez et toutes les appertenances et appendances d'icelles, quellez que elles soient, puissent y estre sans nulles réserves et si avant que elles sont et doivent y estre tenues en ung seul fief liège et de parie en foyalté et en homaige de ladite comté de Haynnau et court de Mons et comme ycelui fief à lui venu et escheu par le trespas et sucession dudit feu monseigneur Jehan de Bretaigne, son frère, et qui avint ou mois de novembre l'an de grasce mil quattre cens et chinquante deux susdit, et en le possession duquel fief ledit feu monseigneur le comte Jehan alla de vie à trespas. Et du dessusdit relief de fief ledit monseigneur le comte Guillamme, comme à lui escheut, si que dit est, en fist bien et souffissaument audit Hermand de Ghinez, comme baillieu, si que dessus est dit, tous les devoirs pertinens et acoustumés à faire à relief de fief, seloncq le loy et le coustume dudit pays et comté de Haynnau. Et en pareil, fist ledit Hermand comme bailli bien et souffissaument tous les devoirs qui par lui appertenoient et devoient y estre fais ou nom de nodit très redoubtet signeur monsigneur le duc, ad cause de sadite comté de Haynnau et court de Mons en l'ocasion dudit relief, en reçevant deuwement et souffissaument ledit monseigneur le comte Guillamme du dessusdit fief et parie en tel comprendement que dit est dessus, en le foyalté et homaige de nodit très redoutet signeur le duc. En prendant aussi dudit monseigneur le comte Guillamme le sarment et les prommesses appertenans et acoustuméez de faire en tel cas par homme féodal et pour fief tel que dit est seloncq le dicte loy et coustume. Item, le vint-deuxysme jour dudit mois de février l'an mil quattre cens et chincquante deux, ledit monseigneur le comte Guillamme, en le présence de nous lesdis hommez de fief et à ce par espécial appellés, fist devoir et acquit de baillier et délivrer ès mains dudit Hermand de Ghinez, comme bailli dudit pays de Haynnau si que dit est, unesl ettrez en parcemin contenant le rapport, dénombrement et (comp)rendement dudit fief, séellées en chire vermeille du séel ledit monseigneur le comte Guillamme ; pour icelles lettrez par ledit bailli y estre portéez et mises là où il appertenoit. Lequel bailli après ce qu'il eult lesdictez lettrez rechuptes, dist qu'il en feroit tel et si bon devoir qu'il appertenoient. En tiesmoing de toutes lesquelx choses dessusdictez et de cascune d'elles ensi avoir estet demenéez, déduites et faites que dit est, nous, lesdits hommez de fief, en advons ces présentes lettres séelléez de nos seyaux. Ce fu fait en l'an, jours et mois dessus escript. Et se estoit celle dicte seconde lettre signée sour le ploit d'icelle du signe : Guillamme Lescouffle. En tesmoing desquelx lettrez dessusdictes, avoir tenues, veuwes et lieutes ensi séelléez de tel datte, fourme et teneur que dit est nous, lesdis hommez de fief devant nommés en advons ces présentes lettrez, faites en fourme de vidimus, séelléez de nos seyaux. Lesquelx deux lettrez dessusdictez, ce ensi fait, furent tantost ou jour dessusdit par noble homme Tiéry de Morchipont, signeur de Siansies, escuyer, bailli d'Avesnez et Colart Casée, recepveur en le présence de nous, lesdis hommez de fief pour ce appellés, mises et laissiés en le trésorie du chastiau d'Avesnez. Che fu fait en l'an et jour dessusdit.

(*au dos*) : Lettre de hommaige fait par feu monseigneur le comte Guilleaume de la terre d'Avesnes, fait à segneur (?) à Arment de Guingnes, bailly de Hainault, commis par monseigneur de Bourgoigne ad ce fait.

Hommage fait au duc de Bourgogne par Isabeau de La Tour, veuve de Guillaume de Bretagne, pour la terre et pairie d'Avesnes. (*4-15 février 1454-1455 n. st.*)

Archives des Basses-Pyrénées, E. 120).

Nous Colart Landrieu et Servais Waudart, faisons savoir à tous que par davant nous qui pour ce personnelement y fûmes appellés comme hommes de fief très hault et très puissant prince, nostre très redoubté seigneur monseigneur le duc de Bourgongne et de Brabant, conte de Haynniau et de Hollande, à cause de sadicte conté de Haynniau, se comparurent personnlement le quatriesme jour du mois de février l'an mil CCCC cinquante et quatre, très haulte et très puissante damoiselle madamoiselle Yzabeau de la Tour, vefve de feu noble et bonne mémoire monseigneur Guilleaume de Bretaigne, à son temps conte de Penthièvre et de Pierregort, viconte de Limoges et seigneur d'Avesnes, que Dieu pardoint, d'une part, et Jehan Duponceau, filz de Jehan Duponceau, avocat en la court de Mons, d'aultre part. Et là endroit ledit Jehan Duponceau remonstra que pour amour et plaisir que nostre dit très-redoubté seigneur et prince monseigneur le duc avoit volu faire et faisoit à ladicte damoiselle Yzabeau de la Tour et en ce cas l'espargnier de paine et frait, il, nostre dit très-redoubté segneur, monseigneur le duc, avoit commis, constitué et estably icellui Jehan Duponceau à estre bailly de sondit conté et pays de Hainau pour recevoir ladicte damoiselle Yzabeau de la Tour ou relief que elle vouloit faire de toute la ville, terre, justices et seigneuries dudit Avesnes et de toutes les possessions, revenues, appendances et appartenances d'icelle, si avant quelles sont et doivent estre tenues en fief liège et de parie en la foyaltet et hommaige de ladicte conté de Haynnau et de la court de Mons, comme aïant et tenant le baille, administracion et gouvernement de damoiselle Françoise de Bretaigne, fille et héritière dudit feu monseigneur Guilleaume de Bretaigne. Et icellui fief à elle ladicte damoiselle Françoise venut et escheu nouvellement par le trespas dudit feu monseigneur Guilleaume de Bretaigne, son père, qui advint au mois de aoust derrenier passé ledit an mil CCCC cinquante quatre. Et icelles remonstrances ainsi faictes que dit est, ledit Jehan Duponceau nous monstra et fist lire en audience unes lettres pactentes en parchemin, saines et entières, séellées en cire vermeil du séel de nostre dit très-redoubté seigneur monseigneur le duc, qui contiennent mot après autre ce qui s'ensuit : Phelippe, par la grâce de Dieu, duc de Bourgoingne, de Lothier, de Brabant et de Lembourc, conte de Flandres, d'Artois, de Bourgongne, Palatin, de Haynnau, de Hollande, de Zellande et de Namur, marquis du Sainct-Empire, seigneur de Frise, de Salains et de Malines, à tous ceulx qui ces présentes lettres verront, salut. Savoir faisons que nous avons fait, commis et estably et par la teneur de ces présentes faisons, commectons et establissons Jehan Duponceau, filz de Jehan Duponceau, advocat en nostre court de Mons nostre bailli de Haynniau, pour recevoir en la féaulté et hommaige de nous, comme conte de Haynniau, nostre très chère et amée cousine demoiselle Yzabeau de la Tour, vefve de feu Guilleaume de Bretaigne, nostre cousin, que Dieu pardoint, comme aiant le baille, administracion et gouvernement de damoiselle Françoise de Bretaigne, fille et héritière dudit feu Guilleaume de Bretaigne, à cause de la terre d'Avesnes tenue en parie de nous et de nostre dicte court de Mons, à ladicte Françoise nouvelement escheue par le trespas de feu ledit Guilleaume de Bretaigne, son père. Auquel Jehan Duponceau nostre bailli, nous avons donné et donnons plain pouvoir, auctorité et mandement espécial de tant seulement nostre dicte cousine Yzabeau de la Tour, comme aiant le baille, administracion et gouvernement de ladicte Françoise de Bretaigne, dame d'Avesnes, recevoir en nostre féaulté et hommaige, selon la coustume de nostre dit païs de Hainau comme dame de ladicte terre d'Avesnes et de toutes les appartenances et appendances d'icelle sans riens réserver, en prenant d'elle les seremens en ce cas appartenans. Et tout ce que en ce cas par ledit Jehan Duponceau, nostre dit bailli, sera fait, nous promectons et avons enconvent de le avoir et tenir pour aggréable, ferme et estable. En tesmoing de ce, nous avons fait mectre nostre séel à ces présentes. Donné en nostre ville de Dijon le XXIe jour de novembre l'an de grâce mil CCCC cinquante-quatre. Et se avoit escript sur le ploit de ladicte lettre : Par monseigneur le duc : de Molesines. Après lesquelles remonstrances et lettres pactentes ainsi veues et lieutes, ladicte damoiselle Yzabeau de la Tour comme aïant et tenant le baille, administracion et gouvernement de ladicte damoiselle Françoise de Bretaigne, sa fille, si que dessus est dit, en la présence et ou tesmoing de nous lesdits hommes de fief et ad ce de rechief espécial appellez, releva audit Jehan Duponceau comme bailli, ou nom de nostre dit très-redoubté seigneur, monseigneur le duc, de sadicte conté de Hainau toutes les villes, forteresse, chasteaux, maisons, justices, seigneuries, hommaiges, boys, terres, yaues, prez, pasturaiges, husimes, possessions et revenues dudit Avesnes et toutes les appendances et appartenances d'icelle, quelles que elles soient et puissent estre, sans nulle réserver et si avant que elles sont et doivent estre tenues en ung seul fief liège et de parrie en le foyaltet et hommaige de ladicte conté de Haynniau et court de Mons, et comme icellui fief venu et escheu à ladicte damoiselle Françoise de Bretaigne par le trespas et succession dudit feu monseigneur Guilleaume de Bretaigne, son père, qui advint comme dit est ou mois d'aoust les dessusdit an mil CCCC cinquante et quatre ; en le possession duquel fief le devant dit feu monseigneur Guilleaume de Bretaigne termina vie par mort. Et du dessusdit relief de fief ladicte damoiselle Yzabeau de la Tour pour, ou nom et comme aiant les baille, administracion et gouvernement de ladicte Françoise de Bretaigne, sa fille, comme dit est, en fist bien et suffisaument audit Jehan Duponceau, comme bailli si que davant est dit, tous les devoirs pertinens et accoustumez à faire à relief de fief, selon la loy et coustume dudit pays et court de Hainau. Et en pareille fist ledit Jehan Duponceau, comme bailly, bien et deuement tous les devoirs qui par lui appartenoient et devoient estre faiz. ou nom de nostre, dit très-redoubté seigneur monseigneur le duc, à cause de sadicte conté de Haynniau et court de Mons en occasion du davant dit relief. En recevant suffisamment la dicte damoiselle Yzabeau de la Tour, si que dit est, du dessusdit fief et parrie en tel comprendement que dit est, en le foyaltet et hommaige de nostre dit très-redoubté seigneur monseigneur le duc, en prenant d'elle le serement et promesses appartenans et accoustumés de faire en tel cas par homme féodal et pour fief tel que dit est selon ladicte loy et coustume.

Item, et le XVe jour dudit mois de février l'an mil CCCC cinquante et quatre, ladicte damoiselle Izabeau de la Tour, en la présence de nous lesdits hommes de fief et ad ce de rechief par espécial appellés, fist devoir et acquit de bailler et délivrer ès mains dudit Jehan Duponceau, comme bailli dudit pays de Haynniau, si que dit est, unes lettres en parchemin contenant le rapport et dénombrement et comprendement dudit fief, séellées en cire vermeille du séel ladicte damoiselle Izabeau de la Tour, pour icelles par ledit bailly estre portées et mises là où il appartenoit. Lequel bailli après ce qu'il eult lesdictes lettres receuptes, dist qu'il en feroit tel et si bon rapport qu'il appartenroit. En tesmoing de toutes lesquelles choses dessusdictes et de chascune d'elles ainsi avoir esté démenées, déduites et faictes que davant est dit, nous lesdits hommes de fief en avons ces présentes lettres séellées de noz séaulx. Ce fut fait en l'an et jour dessus escripz.

(au dos) : L'omage fait par madamoiselle la comtesse à cause de la terre d'Avesnes.

Double de la donation faite par Guy de Châtillon, comte de Blois, seigneur d'Avesnes en Hainaut, à Jean le Bastart, son neveu, de la terre et seigneurie de Trélon, à la réserve de l'hommage. (27 mai ..97, probablement 1397).

(Archives des Basses-Pyrénées, E. 120).

Nous Ghuy de Chastellon, comtes de Blois, sires d'Avesnes, de Beaumont, de Chimay, d'Escoenehove et de le Ghode, salut et congnissanche de vérité. Sacent tout que le dimenche XXVIIe jours ou mois de may l'an IIII^{XX}XVII nous appellames pardevant nous pluiseurs de nos hommes de fief des hommaiges deschendans de no dicte terre de Chimay, si l'oist, assavoir : Jehan, signeur de Boussut et d'Imbrechies, Gérart d'Aubleng, Gille de Salles, signeur de Lompreit, Godart Manfrignon, Henry Mahiu et Colart Masset, bourgeois de no dicte ville de Chimay ; et là en droit leur remonstrames que, en tamps passet, hauls et poissans prinches jadis de bone mémoire, li comtes Ghuys de Blois, nos tayons, dont Dieux ait l'âme, se estoit, pardevant le bailliu et hommes dou chastiel de Chimay, déshiretés bien et à loy de la terre et chastelerie de Trellon et de tous les membres et appartenanches à icelle, et en avoit ahiretet Charle de Blois, sen aisnet fil. Liquels Charles s'en estoit despuis déshiretés et en avoit fait ahireter hault et puissant princhc, no très-cher et honnouré signeur et père, monsigneur le comte Loys de Blois, aisnet frère à lui ledit monsigneur Charle, qui despuis en avoit dowet haulte et noble dame, me dame Jehanne de Haynnau, mère à nous le dessus dit comte et fille à jadis hault et puissant signeur, monsigneur Jehan de Haynnau, signeur de Biaumont, cuy dieux pardoinst ; et à icelles causes lidicte terre de Trellon avoit par grant espasse de temps estet as signeurs d'Avesnes. Se desimes et remonstrames, en oultre, à nos hommes de fief chi dessus nommés que non obstant que le dicte terre de Trellon euwissiemes possesset ossi bien comme ledicte terre de Chimay, si ne pooit celli terre de Trellon, tant par le point de le chartre dou pays et comtet de Haynnau comme par le général coustume d'icelui pays, y estre rapplicquié ne ragonissé au gros dou fief de no dit chastiel de Chimay, ainschois nous trespasset en le possession de le dicte terre de Trellon ; deuwist par le dit point de chartre ycelli terre aller à eskeir à no plus proisme hoir aisnet dou costet de par no dessusdit signeur et père qui acquesteres en avoit estet si que dit est, sensi ne fuist que aucunement par fait de loy en euwissiemes ordonnet. Et pour tant nous, pour le avanchement et en ayde du mariaige de no cher et amé nepveult, Sire Jehan le Bastart, chevalier, aisnet fil de jadis hault et puissant princhc no très-cher et amé signeur et frère monsigneur Jehan, à son tamps comte de Blois, nous volliemes de le dessusdicte terre et chastelerie de Trélon et des membres et appartenanches à icelle entirement, réservet le hommaige, déshireter, et pour ledit sire Jehan le Bastart ahireter bien et à loy pour lui et pour sen hoir à tousjours héritablement. Et pour chou y estre fait et acomplit, nous semousimes et conjurames Jehan, seigneur de Boussut, dessus nommet, qu'il nous desist par loy et par jugement comment nous nos poiiemes et deviémes de no dessusdicte terre, chastelerie et appartenanches de Trellon entirement exceptet l'ommaige, déshireter et pour ledit sire Jehan Le Bastart ahireter bien et à loy, pour lui et pour sen hoir, si comme dit est Liquels Jehans, sires de Boussut, nous en requist à y estre consilliés de ses peirs, dout, sur le consel qu'il en eult à sesdis peirs, nos hommes de fief dessus nommés qui là estoient, dist et respondi qu'il n'en estoit mies saiges, et en requist à y estre menés, avoecq tant de ses peirs que lois porte, à kief-lieu en le court à Mons comme cours souveraine et ressort du pays. Sour lequelle requeste fesimes par Jehan Vivien dou Bos no bailliu de Chimay adont ledit Jehan, signeur de Boussut, avoecq tant de ses peirs que lois portoit pour celi cause mener au kief-lieu en ledicte Cour à Mons, là u sour la teneur de nos dessusdictes remonstranches et sour ledit conjurement par nous fait, il eurent kierqué de leurdit kief-lieu et ressort, ensi qu'il le rapportèrent, yaulx revenus pardevant nous en no chastiel à Avesnes le mardi XXIX jour oudit mois de may l'an dessusdit, tant que sur chou nous conjurames de rekief le dit signeur de Boussut qu'il widast et portast hors son jugement. Liquels sires de Boussut, après chou qu'il en fu consilliés à ses peirs, nos hommes de fief là présens, dist: par droit, par loy et par jugement sour le kierque qui faite avoit estet à lui et à ses peirs de leur dit kief-lieu, comme nous nos poyemes et deviemes de toute le terre et chastelerie de Trellon entirement, exceptet le hommaige, déshireter et à chou renoncher souffissaument une fois, aultre et tierche, et pour ledit sire Jehan Le Bastart ahireter bien et à loy, ensi qu'il est dit dessus. De ce jugement ensuiwirent paisiulement ledit signeur de Boussut, si peir, nos hommes de fief devant nommés. Che jugement ensi fait nous de no bonne volentet en le présenche et où tiesmoing de nos hommes de fief que pour chou espécialment y appellames, et par le jugement d'iaux de toute le terre, chastellerie appartenanches et appendanches de Trellon, entirement exceptet doudit hommaige, nous déshiretames bien et à loy, en point, en tamps et en lieu que bien le peuwismes faire et y renonchâmes souflissaument et nient y clamames ne retenîmes une fois, aultre et tierche, exceptet ledit hommaige. Et pour reporter en le main doudit sire Jehan Le Bastart et lui ahireter bien et à loy pour lui et pour son hoir à tousjours, si comme deviset est, chou fait, nous, comtes de Blois dessus nommés pour tant que retenut avons, comme dit est, le hommaige de terre et chastellerie de Trellon comme ce appartenant et devoir y estre deschendant, ensi qu'il a estet anchiennement de no dessusdit chastiel de Chimay, semousimes et conjurames ledit Jehan, signeur de Boussut, qu'il nous desist par loy et par jugement se nous nos estiemes bien et à loy déshiretés de le dessusdicte terre et chastellerie de Trellon entirement en retenent le hommaige de celli terre, et pour d'icelli terre et chastellerie de Trellon ledit sire Jehan Le Bastart ahireter bien et à loy ensi comme deviset est par chi dessus. Liquels Jehans, sires de Boussut, consilliés de ses peirs, dist : par loy et par jugement que oyl. De ce jugement etc. Et adont nous comte de Blois dessus nommés, en le présenche et ou tiesmoing de nos dessus dis hommes de fief que pour chou espécialment y furent de nous appellet, et par le jugemant d'iaulx, reportâmes le fief de le terre et chastellerie et appartenanches de Trellon entirement, en retenant l'ommaige, si comme dit est, en le main doudit sire Jehan Le Bastart et l'en ahiretames bien et à loy pour lui et pour son hoir perpétuelment. Et conjurâmes de rekief ledit Jehan, signeur de Boussut, qu'il nous désist par loy et par jugement si lidis sires Jehans li Bastars estoit dou fief de le dicte terre et chastellerie de Trellon entirement, en demorant à nous ledit hommaige, ahiretés bien et à loy en la manière devant dicte. Liquels Jehans, sires de Boussut consilliés de ses peirs, dist par loy et par jugement que oil, as us et as coustumes de Haynnau et que en acomplissant le kierque qu'il et si peir tant que lois porte, avoient veu de leur dit kief-lieu, le court de Mons, les coses dessus dictes y estre faites et passées en le manière que dit est dessus. Nous qui aviêmes en ce fait réservet et retenut le dessusdit hommaige en deviêmes ledit sire Jehan rechevoir à hommaige comme des hommaiges deschendans de no dessusdit chastiel de Chimay, de ce jugement etc. Et nous sur chou, en le présenche et ou tiesmoing de nos hommes de fief dessus nommés, en recheuwismes ledit sire Jehan Le Bastart en le foy et hommaige de nous comme des hommaiges despendans de no dit chastiel de Chimay, bien et souffissaument, ensi que li coustume dou pays et comté de Haynnau donne. Et pour chou que toutes les choses devant dictes et cescune d'elles soient fermes et estaubles et bien tenues, si en avons nous, Ghuy, comte de Blois, dessus nommés, ces présentes lettres fait séeller de no propre séel. Si prions et requérons à nos hommes de fief dessus nommeis, qui seyaulx ont, et requis en seront, qu'il voellent mettre et appendre leur seyaulx à ces présentes lettres avoecq le nostre en tiesmoingnaige de vérité. Et nous Jehans, sires de Boussut et d'Imbrechies, Gérars d'Aubleng, Gilles de Salles, Godars Manfrignons, Henris Mahius et Colars Masses dessus nommés, qui à tout chou qui en ces présentes lettres est contenu faire et passer bien et à loy et par le kierque de no dit kief-lieu, fumes présent comme homme de fief à très-hault et puissant prinche no très-cher signeur monsigneur le comte de Blois dessus nommet, pour chou espécialment de lui appellet en la manière devant dicte et devisée, chil de nous qui seyaux avons, et requis en avons estet à la priière et requeste de no dit signeur, monsigneur le comte de Blois, avons mis et appendus nos seyaux à ces présentes lettres avoecq le sien en tiesmoingnaige de vérité. Touttes les choses dessus dictes furent faites et passées bien et à loy, en l'an et jour dessus escrips.

Copie des lettres d'Isabeau de La Tour, dame douairière d'Avesnes, comme tutrice de Françoise de Bretagne, sa fille, par lesquelles, elle permet aux habitants de ladite ville de mettre sus une imposition appelée maletotte, *pour l'entretien des fortifications, de l'horloge et des chaussées de la ville.* (*12 octobre 1462*).

(Archives des Basses-Pyrénées. E. 120).

Coppie des lettres de le maletotte courans présentement pour VI ans.

Ysabeau de la Thour, dame d'Orval et de Lesparre, comme tenant en bail la terre et seignourie d'Avesnes et les appendances dicelle pour notre très chierre et très amée fille Franchoise de Bretaigne que eusmes de feu monseigneur Guillaume de Bretaigne, en son temps comte de Penthèvre et de Pierregort, vicomte de Limoges et seigneur dudit Avesnes, notre premier seigneur et espoux. Savoir faisons à tous que comme besoing et nécessitet soit davoir argent pour fortifier et réparer la fermetet et fortresse denthour la ville d'Avesnes appertenans à nostredicte fille, qui est chief et souveraine ville de toute sa terre et seignourie d'Avesnes et là ou ses subgès et mannans de ses aultres villes d'environ pevent retraire et venir à refuge et garant pour garder eux leurs femmes, enfans et leurs biens touteffois qu'il leur plaist et mestier est. Et pour ladicte fortresse maintenir et tenir en bon estat garder et remettre à point l'artillerie et trait et eulx pourveoir se mestiers est. Aussi pour la retenue de l'orloge qui est sur la halle d'Avesnes, avoec pour les cauchies de ladicte ville refaire et retenir partout ou besoing seroit. Aussi pour ce que ses bourgois et habitans de sadicte ville ont mestier davoir ayde pour secourir à pluiseurs leurs affaires, nécessitez et besongnes qu'ils ont et polront avoir au temps advenir en quelque manière que ce soit, ou puist estre, et pour la retenue et réparation de l'église de ladicte ville d'Avesnes ; Nous par l'avis et délibération de notre conseil, par le commun assent et acort de tous les dessusdis bourgois et mannans en ladicte ville d'Avesnes, ou nom et pour nostredicte fille, avons accordé et par ces présentes lettres vollons et accordons pour avoir chevissance et argent, affin que les choses devisées se puissent faire payer et acomplir : Que une imposition appellée malletote, keure et soit prinse et levée en sadicte ville d'Avesnes sur tous les vins, brassins et aultres beuvraiges, du jour de la purification Nostre Dame que on dist Candeler prochain venant le terme de VI ans prochains et continuellement enssuivans l'un après l'autre, laquelle ayde et maletotte en ladicte ville sera telle que cy après s'enssieult. C'est assavoir que sur chacun lot de vin vendu, à brocque ou dispensé en ladicte ville soit prins et levé le terme dessusdis, huit deniers tournois monnaie de Haynnaut. Item, sur chacun tonnel de vin qui sera vendu en gros, X s, et de la kèuwe ou poinchon à l'avenant. Item, sur chacun lot de miel, III d. Item, sur chacun tonnel de chervoise ou de houppe tenant LX los ou environ, vendu ou dispensé en ladicte ville, VI s. Item, sur chacun tonnelet de gondalle ou de petite chervoise, ou d'aultres bruvaiges que on y vendra ou dispensera, en soit prins et levé à l'avenant de la houppe ou chervoise devant dicte. Entendu en ce que quant Nous ou nostredicte fille ou les ayans cause delle yrons et serons en son hostel de sadicte ville d'Avesnes ou nostre conseil ou le sien, par ledict temps pour nos affaires et besongnes et les siennes, Nous ne payerons riens de ladicte malletotte. Et si retenons à faire nostre plaisir et vollenté des IIII keuwes de vin que les lombars solloient avoir par chacun an sans payer ladicte maletotte. Et aussi nen sera point payé durant ledit terme de ce que len donra pour Dieu le nuit St Martin. Et aussi des présens de vin que ladicte ville fera. Si est assavoir que de toutte icelle dicte malletote de vins ainsi prinse et levée en ladicte ville d'Avesnes, comme dit est, les deux deniers seront et appartenront franchement et entièrement à la fremetet et fortresce de ladicte ville d'Avesnes et en devront les deniers estre mis, tournez et convertis en la réparation et fortefyence dicelle dicte fortresce, de lorloge et des cauchies dicelle, ainsi que dessus est dit. Item, aurons à notre singulier proffit et de notredicte fille dont porons faire nostre bon plaisir et vollenté, ung denier. Item, ung denier à la réparation de l'église de ladicte ville. Item, et les deux deniers restans desdis VIII d. seront départis en III parties dont lun tiers desdis II d. encore en sera notre et à notre singulier proffit et de notredicte fille pour en faire notre bon plaisir et le sien et ung aultre tierch desdis II d. sera à la réparation de ladicte église de ladicte ville, et l'autre tierch desdis II d. et le sourplus et remain de ladicte malletote tant desdis vins comme desdis brassins, sera et demoura à ladicte ville d'Avesnes pour convertir en leurs besongnes et singulier proffit. Item, et de toute le malletote prinse et levée sur lesdis brassins et aultres bruvaiges, comme dessus est dit, les II s. seront et appartenront à la fortresce de ladicte ville d'Avesnes pour convertir comme cy dessus. Item, à nous et à notre dicte fille et à nostres singuliers proffis, XII d. tournois. Item, à la réparation de l'église de ladicte ville d'Avesnes, XII d. tournois. Et à ladite ville d'Avesnes pour convertir en leurs affaires et à leur singulier proffit comme dessus, II s. Item, advons accordé et acordons que au regart des villes baptiches qui, durant le terme dessusdit, Nous accorderoient ladite maletote pareille ou en aultre maniere, que le tierchs des deniers venans et yssans de ladicte maletote des dites villes baptices, sera mis tourné et converty et employé a la fermeté et réparation de ladicte ville d'Avesnes. Pour lesqueles maletotes susdites, tant deladite ville comme des dites villes baptiches, lever et recevoir (à entendre la part portion de ladite fortresce),

Nous commectrons homme solvable ydosne et agréable et pour en distribuer et ordonner au plus grant proffit de ladite ville (A entendre de la part qui appartiendra à ladite fortresce d'Avesnes), Nous y advons commis et comettons de par nous nostre bailliu d'Avesnes, receveur et maistre des ouvraiges quiconquez le soient, et, de par ladite ville, le mayeur et deux jurez ydonnes et convenables par le conseil des aultres jurez qui seront pour le temps; auxquels VI commis, le massart qui par nous sera ordonné et commis sera tenu baillier fin et caution souffisans et lequel sera tenu distribuer les deniers appertenans à la part de ladite fremetet et fortresce par le des dessusdis VI commis au moins de IIII. C'est assavoir deux de chacune partie. Entendu toutteffois que ledit massart ne polra faire aucuns nœfs ouvraiges que ce ne soit par lacort et conseil des dessusdis VI commis, ou du moins de IIII comme cy devant est dit, desquelles coses dessusdictes tant en la recette qui sera faite dssdites maletotes comme des mises et despences, ledit massart par lacort et conseil des six dessus nommez, devera et sera tenus de faire rendre chacun au bon et léal compte et renseignement en la halle par devant nos gens et les gens de ladicte ville d'Avesnes et en fera III parties de comptes dont l'un demora à nous les aultres par devers les gens de ladicte ville et le tierch par devers ledit massart. Et advons acordé et acordons que tout le bois sauvaige qui sera nécessaire pour tous les ouvraiges de ladicte fortresce en quele manière que ce soit, soit prins en la haye d'Avesnes es places et lieux plus prochains et pourfitables pour ladite fortresce et à nous et à notre dite fille moins dommaigeables, à l'ordonnance de nos gens à ce commis. Et que ledit bois qui pour cela cause sera prins ne soit aucunement tourné ne employé en aultres ouvraiges, ne usaiges que en ladite fortresce et en la retenue dicelle. Et si est nostre entention et ainsi le vollons que nous ne les hoirs de nostredite fille ou temps advenir ne puissent requerre ne demander le pris et valleur desdis bois. Et encores advons acordé et acordons que toutes les choses dessusdites faites et acordées entre nous nosdis bourgois, manans et habitans de ladicte ville d'Avesnes ne puissent porter ne faire aucun préiudice à nous, à nostredicte fille, ne à ses hoirs ou successeurs ou temps advenir et que aussi ne puissent préiudicyer, ne porter contraire en aucune manière à ladite ville d'Avesnes ne auxdis bourgois, mannans et habitans dicelle, et que pour ce ne puissons avoir acquis ne acquerre ou faire acquerre, saisine ou possession à l'encontre de ladite ville, bourghois, mannans et habitans en icelle. Et affin que lesdis bourgois, mannans et habitans dicelle dicte ville ne soient trop souvent molestez ou travilliez de garder as portes de ladicte ville ou veiller par nuit pour doubte de ghière ou brûlement quant besoings sera et le cas le requerra, Nous vollons et à ce consentons que tous arbalestriers et archiers gardent ladicte fortresce et portes chacun à son thour quant besoing sera tant que nulz nen soit déportez, nonobstant quelconquez lettres ou previlèges, franchises et libertez donnés des prédécesseurs de nostre dicte fille ou de nous ou à donner en temps advenir. Tesmoing de ce nous advons fait sceller ces présentes de nostre scel le XIIme jour d'octobre l'an de grasce mil IIII^{c} soissante et deux, et sur le ploy avoit escript par commandement de mademoiselle les sieurs de Bonneval et du Frexioret et .... de secretaire, signées Basset.

Ordonnance faite pour le gouvernement de la terre et seigneurie d'Avesnes par les auditeurs des comptes, le seigneur de Fraixinet et Pierre d'Exclisses, commis par Mademoiselle de Penthièvre, dame dudit lieu d'Avesnes, sur la réformation et état des officiers de ladite terre. (*Septembre 1460*).

(Archives des Basses-Pyrénées E. 120).

En ensuivant les ordonnances jadis faictes par messegneurs les comtes de Penthievre, que Dieu absoille, sur le fait et gouvernement de leur terre et seigneurie d'Avesnes et aussi par monsieur de Cimay, gouverneur et autres du conseil de ladicte terre, pour ce que en ces derrains comptes rendus en la ville de Mons de sept années dernières passées pardevant Henry Resteau, Jehan Dutran, Guy Bordon et autres à ce commis et ordonnés, présens le Sr de Fraixinet et Pierre d'Exclisses à ce commis de par madamoiselle de Penthievre, dame de ladite seigneurie d'Avesnes, on a veu naguere que lesdites ordonnances n'ont point été tenues ne gardées, mais transgressées et enfraintes en plusieurs poins et articles au grant domaige de ladicte seigneurie et charge desdits officiers, a esté dit et ordonné par mondit sieur le gouverneur, par ladvis et délibération desdits auditeurs desdits comptes, comme sensuit :

Premièrement que les officiers de ladicte terre si comme les baillifs de la terre et des boys, le prévost les sergens et autres gardent et entreteignent lesdictes ordonnances chacun en son endroit de point en point, en tant que à ung chacun touche et doit appertenir ; en espécial touchant les grans mises et despences d'alées et venues que lesdis officiers ont fait le temp passé à grans fraiz et dommaige de ladite seigneurie et sans ce qu'il en feust besoing, a esté dit et ordonné que plus nen facent doresenavant sil ny a grant nécessité et cause raisonnable, ouquiel cas ilz escrieront et envoiront message à pié à mondit S^{r} le gouverneur ou au conseil de la seigneurie à Mons pour sur ce avoir leur avis, et se par eulx n'est mandé de aller en personne, les voiages que entendront à faire quilz ny aillent point en personne ou autrement que rien ne leur en soit compté sil n'appert dudit mandement, fors seulement des despens dudict messagier à pié.

Item, et au regart des grans mises et despences que par cy devant l'on a fait aux ouvrages et réfections de ladicte terre, veu et considéré quelle est tant chargée tant envers madamoiselle que autrement en pluiseurs manières plus que ne puet paier et aussi que les uysines et édiffices sont en assez bon estat à présent, a esté dit et ordonné que doresenavant n'y sera employé par chacun an que jusques à la somme de III^{c} l. t. là où sera le plus nécessaire, se non que ce feust en cas de nécessité, lequiel si advenoit seroit remonstré à mondit seigneur le gouverneur et à madicte damoiselle pour sur ce amprès leur advis et ordonnance en faicte à leur bon plaisir.

Item, et sil estoit besoing pour lesdits ouvraiges ou autrement de abattre et avoir kesnes, les bailly des boys et receveur doivent et devront aller sur les boys et aviser lesdis kesnes quil conviendra pour lesdis ouvrages et autrement au moins de dommaige que fere se porra pour lesdis boys, et iceux kesnes devront frapper et enseigner de leurs marteaulx sans ce que le maistre des ouvrages et sergens en proignent nulz silz ne sont signez et marqués premièrement.

Item, et au regart des gaiges des officiers et sergens ou se font plusieurs abus et en espécial des sergens qui ne les déservent point en personne, mais les font faire par lieuxtenans sans aucuns gaiges, qui puet estre cause et occasion d'ambler et de mal faire, a esté dit et ordonné que lesdis sergens serviront et exerceront leur dis offices en personnes et en ce faist seront paiés de leurs dis gaiges ordinaires sur leurs exploitz et non autrement, comme il est dit par lesdictes ordonnances anciennes.

Item, et au cas que lesdis sergens ne serviront en personne leurs dis offices, a esté ordonné que leurs lieuxtenans qui les exerceront aront la moitié desdicts gaiges par chacun an sur leurs exploix et rapors et non autrement et fera ledit bailly des boys conte et enseignement des panages des vaques alans es boys en la manière anciennement acostumée.

Item, et pareillement seront paiés tous les autres officiers de ladite terre sur leurs exploix chacun, si tant peuvent valoir et non autrement, et avec ce a esté ordonné ausdis officiers que tous vendages et assenses des biens de la terre se facent par criées et recours en la manière acostumée, desquelles criées feront foy les officiers à la rendition de leurs comptes signées d'autre mains que des leurs si comme des maïeurs ou échevins ou autres hommes de fief à ce présens, et si mectront les varescays des vilages de ladite terre appertenans à ladite seigneurie et ausdis vilaiges à criées et recours pour en faire le plus grant proffit que lon porra dont ledit receveur fera compte.

Item........ordonne audict prévost de la terre qu'il se..........garde que icelle loy soit mise de mayeur et eschevins par tous lesdis vilages de ladicte seigneurie que ce soit au bien et proffit dicelle et de la chose publique sans y mectre ne soffrir gens de mauvaix afaire et qui ne soient gens sages et discretz savans la loy et de bonne voulanté à ladicte seigneurie.

Lesquelles ordonnances anciennes avec la déclaration des poins cy dessus déclarés prins en icelles pour nouvelle mémoire garderont et entretendront lesdis officiers présens à ce, ausquelx a esté commandé que ainsi le facent en tant que à ung chacun d'eulx touche et puet tochier et apertenir et a esté plus ordonné que en cas de transgressement riens doresenavant ne soit alloué contre la teneur dicelles aux comptes desdis officiers par les auditeurs d'iceulx et que mondit seigneur le gouverneur les constraigne à les entretenir et garder en les punissant en cas de deffaut et transgression comme au cas apperteindroit. Donné au moys de septembre l'an mil IIII^{c} et soixante.

Vidimus d'un accord entre les comtes de Hainaut et de Blois au sujet des villes de Landrecies, Estrun, Dourlers, Priches, Moutier en Fagne, Trélon etc. (Jeudi des octaves de la St-Martin d'hiver (22 novembre) 1330. — 3 décembre 1495).

(Archives des Basses-Pyrénées E. 120).

Nous, Jehan Bourdon le pere, Simon Canart et Jehan Bourdon le filz, homes de fief de la comté de Haynau et court de Mons. Savoir faisons à tous que le troisyme jour du mois de décembre en l'an de grâce mil quatre cens quatre vingz et quinze, Nous veymes, tenymes et lisymes une lettres en parchemin saines et entières descripture et suffisamment scellées en chire vierge et fils de soye pendans des scaux de feux, que Dieu pardonne, Guillaume, cuens de Haynnau, de Hollande de Zélande et sires de Frize, et Guy de Chastillon, cuens de Blois, sires d'Avesnes et de Guize, iceux sçaux contremarqués aux doz des contresçaux d'iceux princes et segneurs, desqueles lettres la teneur sensuit : Nous Guillaume, cuens de Haynnau, de Hollande, de Zélande et sire de Frize, et nous Guy de Chastillon, cuens de Blois, sires d'Avesnes et de Guize, faisons savoir à tous que comme débas et descors fuist entre nous comte de Haynnau et de Hollande, dune part, et nous comte de Blois dessusdis, d'autre part, sur chou que nous, cuens de Haynnau devantdit, disions et maintenions que nos chiers cousins et foiables li cuens de Blois devantnomez estoit et devoit estre nos hom dou castel et de le ville de Landrechies et de toutes les appertenances et appendances dicelle, avec le terre d'Avesnes et que lidis chastiaus et ville de Landrechies et toutes les apertenances et appendances dicelle, sont tenues et doivent estre de nous, conte de Haynnau devantdit, tout en ung fief avœc le terre d'Avesnes, et nous, cuens de Blois devant nomez, disions et maintenions que partie de ledicte ville et terroir nous teniens en franc allœd et partie de nodis segneur le conte et dautruy. Et en le fin pour bien de pais sommes acordet en le maniere que ciaprès sensuit. Cest assavoir quė nous, cuens de Blois devantdit, pour nourir bon amour entre nodit chevalier segneur et cousin, ses hoirs, ses successeurs et nous nos hoirs et successeurs à tousiours et pour l'amour de nodis chier segneur te cousin acquerre et pour faire se volonte et requeste, volons et octroyons et recognissons que nous, le chastel et ville de Landrechies et toutes les apertenances et appendances tenons et devons tenir en un fief avœc nostre terre d'Avesnes de nodis chier segneur et cousin le comte de Haynnau en fief et en homage. Et avons relevet et relevons et rechupt en fief et en homage de nodis chier segneur et cousin, le ville dou Favril et toutes les apertenances et appendances dicelle à tenir en un seul fief avœc nostre terre d'Avesnes devandicte, saulf et réservé en toutes choses à révérend père en Dieu, lévesque de Cambray et au seigneur de Walaincourt, tout le droit des choses dont nous sommes et devons estre leur hoir. Et nous, cuens de Haynnau devantdit, avons volu et acordé, volons et acordons à notre dit chier et foyable cousin, le comte de Blois devantdit, que lesdictes villes de Landrechies et dou Fauvril, les appertenances et appendances dicelles demeurent à tousiours en leur loy, leurs coustumes, leurs libertez et leurs franchises que elles ont uset anciennement et que les chartres que lesdictes villes ont, demeurent en toutes choses en leur vertu. Et avœc chou que lesdictes villes aient teles libertez et franchises que ont les autres villes de le terre d'Avesnes. Et volons et accordons que nos chiers et foiables cousins devantdis ait et prenge esdictes villes et apertenances dicelles ses amendes, ses fourfaitures, ses devoirs et toutes ses droitures quil et se devanchiers ont acoustumé à avoir esdictes villes et avec ce telles libertez et franchises quil a en se terre d'Avesnes, saulf et réservé à nous comte de Haynnau devantdit le ressort et souveraineté es lius dessusdits. Item, nous, cuens de Haynnau, avons volu et acordé, volons et acordons que de trois cens livres de rente que messire Gautiers, seigneur d'Avesnes, donna et assist en parchon de terre à monseigneur Bouchart d'Avesnes, son frère, et à ses hoirs sur le winage d'Avesnes et de cent livres de terre sur le winage de Landrechies, que se lesdictes rentes en aucunes choses dicelles sont tenues de nous, comte de Haynnau, en foy ou autre redevance, Nous avons quitté et quittons à nodis chier et foiable cousin le droit que nous y avons et volons que chils ou chil qui lesdictes rentes tient ou tienent désorenavant les tiegnent de nostre dict cousin, le comte de Blois, en le forme et en le maniere quils les tenoient de nous, conte de Haynnaut devantdit, par ensi que nosdis cousins le cuens de Blois et ses hoirs seigneurs d'Avesnes les retenront de nous et de nos hoirs, contes de Haynnau, en ung seul fief avec le terre d'Avesnes dessusdicte, sauf et réservé tout ce qui peut estre tenu desdites choses de le princesse de le Mourée. Item, nous volons et acordons que se ly terre d'Estruen qui est tenue en foy et en homage de nodis cousin le conte de Blois, venoit à nous, comte de Haynnau, à nos hoirs ou à nos successeurs par eskange ou autre, Nous, comte de Haynnau, u no hoir, donrons et baillerons ledicte terre d'Estruen à home souffisans qui ledicte terre tenra de no chier cousin, le comte de Blois devantdit, en foy et en homage, u nous, u no hoir renderons à no cousin le comte de Blois devantdict sitost que ledicte terre nous seroit advenue en eschambge un autre homage de telle valeur tantost sans délai et sans malengien. Item, nous, cuens de Haynnau devantdit, avons quittet et délaissiet, quittons et délaissons à nodis cousin le conte de Blois, ses hoirs et ses successeurs, héritablement à tousiours, vint livres de rente anuele que nous aviens ou winage de Landrechies à tenir de nous et de nos hoirs, contes de Haynnau en un seul fief avœc se terre d'Avesnes. Item, nous, cuens de Haynnau devantdit, volons et acordons que nos foiables cousins, li cuens de Blois devantdict, use, gowe (1) et esploite de le garde de labbaye de Liessies, de toutes les cours, maisons et terres quil ont en se terre d'Avesnes, paisiblement en tous cas et de le justice desdites cours, maisons, possessions et terres que lidite abbaye a dedans led......... non contrestant confirmation faicte ou à faire de nous, contes de Haynnau, de nos hoirs et de nos successeurs, sauf et réservé le justice que l........... a en sedicte ville de Liessies et exceptés les cours et maisons que lidite abbaye a en le terre d'Estrouen, sauf tousiours de nous et.......... contes de Haynnau, le souveraineté et le ressort en ladicte abbaye et ville de Liessies et en toutes les cours et maisons dessusdictes. Et......... contes dessusnommet et consentons que li acors et convenences faites entre nous autrefois ensi come il est contenu es lettres sur che faictes......... demeurent en leur vertu, sans estre en riens corrompues, guastés, ne empiriées. Encores, nous, comte de Blois devantdict avons quitté et quittons à nodis chier seigneur et cousin le comte de Haynnau tout le droit que nous avons et poons avoir de mortesmains et de douzaines en le maison de Renaufolie et tout le droit que nous avons et poons avoir ou fief de Dourlers. Item, nous, quens de Hannaut devantdict, volons et acordons que les villes de Prices et de Ramousies soient gouvernées et maintenues selon le teneur de ledicte chartre, lesqueles nous volons qu'ils demeurent en leur vertu leurs coustumes et leur loy de quoy il ont usé anchiennement et aussi le ville de Trellon de tant quil puet toucher à nous et à nos hoirs, sauf tousiours à nous et à nos hoirs, contes de Haynnaut, le ressort et le souveraineté. Et nous, cuens de Haynnaut devantdit, avons volu et acordé de grâce espéciale à no chier et foiable cousin devantdit que les bestes quil, u se hoir, ségneur d'Avesnes esmonneront en le haye d'Avesnes, il puissent parcourre et sievyr (2) jusquez à lissue de le rue de

(1) Jouisse.

(2) Suivre, conduire.

Sambre au bois devers Mourmal. Encore, volons nous que li preis que nous, cuens de Haynnaut, aviens à Moustier en Faingnes, lequel on appelle le pret les veneurs, tenant environ quattre journels et les terres ahanable que nous aviens en celuilà, demeurent à nodis cousin de Blois et à ses hoirs segneurs d'Avesnes, car nous li avons donnet et donons à tousiours, sauf le droit dautruy. Et nous, conte dessusnommé, toutes les choses dessus et chacune dicelle avons promis et prometons par nos seremens pour nous et pour nos hoirs et pour nos successeurs, à tenir, garder, faire et acomplir entièrement, sans venir en contre par nous ne par autres, en tout ne en partie, pour quelque cause que ce soit ne puist estre. En tesmoing desqueles choses nous, comte de Haynnaut et de Blois dessusdis, avons ces présentes lettres scellées de nos scaux faites et donées lan de grâce mil trois cens trente au Castiel en Cambresis, le jœdi jour des octave St Martin en hyver. En tesmoing desqueles lettres ainsi avoir tenues, veues et diligemment collationnées aux originales concordantes à cestes, sans différence aucune, nous lesdis hommes de fief en avons à ce présent transcript fait en forme de vidimus, mis et appendu noz sçaux en testifiant vérité. Ce fu fait es jour et an dessus premiers escrips.

Vidimus de conventions passées entre Wauthier, seigneur d'Avesnes et Bouchard, son frère. (21 juillet 1212. — 3 décembre 1495).

(Archives des Basses-Pyrénées E. 120).

Nous Jehan Bourdon, le père, Simon Canart et Jehan Bourdon, le filz, homes de fief de la comté de Haynau et court de Mons, savoir faisons à tous que le troisyme jour du mois de décembre en l'an mil quatre cens quatre-vingz et quinze, nous veymes, tenîmes et lisymes une petite lettre en parcemin en langue lautine, scellée en chire vierge d'un séel à double keue de parchemin pendant, lequel séel estoit demengié anthour, telement que on y veoit synon la forme d'un home à cheval et ung petit d'escripture; lequel séel avoit contre-séel entier en armes et escriptures. De laquelle lettre le teneur mot à mot s'ensiut : Ego Fernandus, comes Flandrie et Hanonie, notum facio omnibus presentes litteras inspecturis, quod dilectus et fidelis meus, Walterus, dominus de Avesnis et frater ipsius Bouchardus ad me venientes Montibus, ibidem in domo mea recognoverunt coram me et hominibus meis, pacem inter ipsos factam etiam, in hunc modum : quod ipse Walterus dederat dicto B., fratri suo, terram d'Estruen cum omnibus appendiciis et preter hoc assignavit et sexcentas libras alborum Valencenis ad winagia sua accepiendas annuatim; et hec omnia tenebit ipse B. de eo in feodum et homagium ligium. Si vero ipsum B. absque herede contingat decedere, hec omnia ad dictum W. redibunt, salva dote uxoris ipsius B.; et pro tanto ibidem B. quittum clamavit sepe dicto W. et heredi suo totum residium nisi veniret ad ipsum per excanceiam. Hanc pacem recognoverunt ipsi coram me tanquam coram domino de quo feodum movet. Et ego requisitus ab ipsis pro utraque parte ostagium me [constitui], quod si alter eorum defeceret super eisdem conventionibus observandis, ego eas teneri facerem tanquam dominus, hinc itaque......... (1) coram me facte presentes fuerunt Gerardus de Jacea, Eustacius de Ruelz, Egidius de Barbenchun, Wellelmus Anucl...., Alardus d'Estrepy, Philippus, comes Namurcensis, Johannes Dominus Ingellus, Gerardus dominus de Sancto-Auberto, Nicolaus de Condete, Walterus Defontains, Petrus de Duaco, Gilbertus de Borgella. Actum Montibus, anno domini M° CC° duodecimo, in crastino Marie-Magdalene. En tesmongnage de laquelle lettre ainsi avoir veue et dilligemment examinée à la concordance de cestes : Nous, lesdis homes de fief premiers nomez, en avons à ce présent transcript fait sur forme de vidimus, mis et appendu noz séaux ès-jour et an dessus premiers escrips.

(Signé, sur le pli) : BOURDON.

(au dos) : Vidimus de l'apointement fait entre Wautier, Seigneur d'Avesnes et Bouchart, son frère.

Vidimus de la reprise de la terre d'Etrœungt et de celle de Dourlers par Jean d'Avesnes à Robert de Basoecq ? (2 mai 1254-3 décembre 1495).

(Archives des Basses-Pyrénées E. 120).

Nous Jehan Bourdon le père, Simon Canart et Jehan Bourdon le Jone, homes de fief de la comté de Haynnau et court de Mons. Savoir faisons à tous que le troisyme jour du mois de décembre en l'an mil quatre cens quatre vingt et quinze, Nous veymes, tenymes et lisymes une lettres en parchemin saines et entière d'escripture, scellées en chire vierge de trois seaux, le premier cassé et la chire rompue de lun des costez et aussi au bas desoubz, mais l'on y perchevoit plenement le personage d'une femme à cheval avec aucune escripture, le second rompu à ung costé la chire et ung peu audesoubz ou que l'on veoid lenpreinture, et non plènement par ladite ronture et aussi lantiquité dicelle, dun home à cheval et le tierch rompu authour et ny pooit on voir que aucunement la forme dun home sans teste, à cheval aussi sans teste à cause deladite ronture et antiquité ; iceux darains

---

(1) Partie rongée de la pièce.

scaux aiants contresçaux. Desquels la teneur mot après autre sensuit. Jehan d'Avesnes, fius à le contesse de Flandres, à son bon amy monsigneur Robiers de Basœcq, salus et bonne amour. Je vous fach savoir et à tous aussi, ke je mech en vostre main tout le fief ke je tiench de le comte de Blois, seigneur d'Avesnes, pour sauver et garantir et come sire doit faire à son homme ; cest assavoir Estruen, Dourlers et les appertenances et pour ce que je n'ay point de sayel avœck moy, jay fait ces lettres ensaieler del sayel Aelis, ma femme, en tesmoin des hommes le conte de Blois et segneur d'Avesnes se loist assavoir mons. Gille de Berlaimont et monsigneur Thiery Delehamaide chevaliers. Ce fu fait lan del incarnation Nostre Segneur mil deux cens et chinquante quatre, lendemain del jour de may. Pour aprobation desqueles lettres ainsi avoir veues tenues et leues si que dit est, Nous lesdis homes de fief premiers nommez, en avons à ce présent transcript sur forme de vidimus mis appendu nos scaux testifiant vérité es jour et an dessus premiers escrips.

www.ingramcontent.com/pod-product-compliance
Lightning Source LLC
Chambersburg PA
CBHW052059270326
41931CB00012B/2815

* 9 7 8 2 0 1 3 0 1 3 7 9 6 *